爆品思维

打造非凡的
产品力

思维

朱坤福 著

台海出版社

图书在版编目（CIP）数据

爆品思维：打造非凡的产品力／朱坤福著. —北京：台海出版社，2021. 10
ISBN 978-7-5168-3131-1

Ⅰ. ①爆… Ⅱ. ①朱… Ⅲ. ①网络营销 Ⅳ.
①F713. 365. 2

中国版本图书馆 CIP 数据核字（2021）第 187492 号

爆品思维：打造非凡的产品力

著　　者：朱坤福

出 版 人：蔡　旭
责任编辑：王慧敏

出版发行：台海出版社
地　　址：北京市东城区景山东街 20 号　邮政编码：100009
电　　话：010-64041652（发行，邮购）
传　　真：010-84045799（总编室）
网　　址：www. taimeng. org. cn/thcbs/default. htm
E － mail：thcbs@ 126. com

经　　销：全国各地新华书店
印　　刷：三河市三佳印刷装订有限公司
本书如有破损、缺页、装订错误，请与本社联系调换

开　　本：859 毫米×1168 毫米　　　1/32
字　　数：200 千字　　　　　　　　印　　张：8. 375
版　　次：2021 年 10 月第 1 版　　　印　　次：2021 年 10 月第 1 次印刷
书　　号：ISBN 978-7-5168-3131-1

定　　价：59. 00 元

前　言

　　"互联网+"时代，无论实体的传统企业还是互联网公司都面临着转型、创新的挑战。一方面，互联网企业积极开发新应用、新模式、新技术，满足消费者的多元化需求；另一方面，实体传统企业积极"触网"，推进互联网转型，探索线上线下的有效融合。为了在行业中脱颖而出，产品创新、科技创新、服务创新等多种商业创新模式，成为企业的必然选择。

　　近几年来，我们热衷于谈论"互联网+"、互联网化、"O2O"、全渠道、打造卓越品牌、微商、跨界融合等。现在来看，互联网市场可谓"你方唱罢我登台，场面热闹"，各种概念充斥市场，模仿抄袭比比皆是，将线下搬到线上就大吹"互联网+"，市场的喧哗、企业的焦虑、用户的无奈无以言表。热闹的背后是过分夸大的"互联网+"，好像企业不搞一些新概念，不傍上"互联网+""O2O"就跟不上时代了。如今，我们面临的不确定性越来越大，无论怎样，企业发展追根溯源还是要回归商业本质，为消费者提供最好的商品、最好的服务。

什么是商业本质呢？商业本质就是消费者需要差异化的产品和良好的体验。例如，客户申请安装光纤就是为了满足其极速上网的需求，客户购买空气净化器是为了能呼吸新鲜的空气，等等。回归商业本质的根本就是做好产品，为客户创造价值。唯有如此，企业才能在"互联网+"时代立于不败之地。

现在，"O2O"很热，美甲、洗衣、洗车、餐饮、家政、问诊、打车、拼车等借助"互联网+"的力量发展迅猛，受到资本市场的广泛关注。但"互联网+"并没有改变人们洗衣、洗车、吃饭、出行的本质需求，只不过通过互联网实现了模式的变革，方便了"懒人"的需求，大大提升了整个社会的交易效率。在这些"O2O"领域，要打造"爆品"，核心还是将线下线上产品做到极致。滴滴出行已经成为世界上最大的交通服务平台，滴滴出行之所以在打车市场无人能及，关键在于实现线上线下的融合，增强整体的用户体验。对于乘客，是更短的等待时间、更加实惠的打车费；而对于司机，则是能接到足够的订单。

对于传统企业来说，爆品思维最大的启示就是要求企业一切经营发展工作都要围绕打造杰出产品这一中心有效开展，要切实解决阻碍这一中心工作的矛盾和问题。对于传统企业来说，要以打造杰出产品为核心来推动企业转型变革，重点应从组织架构、研发体系、客户洞察、生态系统打造、资本经营、打造适应移动互联网时代的人才队伍以及建立公平、公正的企业内部环境着手，为打造杰出产品创造条件。举一些例子，在组织架构上，建立清晰的以产品事业部或专业公司为显著特征的组织架构是正确的选择，阿里、苏宁等成立了众多事业部或公司，无不是围绕产品进行组织架构的变革。海尔组织模式变革也值得传统企业学习和借鉴。海尔通过化大为小、打造创客平台，成立了 2000 多个自主经营体，2015 年共创造了 212 个小微企业，并进行量化分权，充分调动自主经营体和小微企业的积极性，使海尔更具有活力和竞争力。

秉持爆品思维，打造极致的产品力，更需要企业推进"品质革命"，树立质量为先、信誉至上的经营理念，发扬"工匠精神"，耐得住寂寞，经得住诱惑，千方百计做好产品，全心全意打造精品，以制度保障产品品质，打造优质品

前言

— 3 —

牌。张瑞敏砸冰箱的故事很多人耳熟能详，如果没有对质量的坚守，没有近乎严苛的标准，也许"海尔"这个品牌早已消失。"有缺陷的产品就是废品。"坚守这一信念，海尔不仅站稳了国内市场，还不断开拓国际市场。只有心怀高远，才不会急功近利，才能把产品品质做到极致。

如今，我国企业面临的内外部市场环境发生了深刻变化，机遇和挑战同在。在这样的形势下，要实现企业永续经营、基业长青，我们必须要有时不我待的紧迫感、危机感、机遇感和饥饿感，自觉运用互联网思维，善于抓住转型变革的主要矛盾，坚持以打造杰出产品为核心来带动企业转型变革的总体思路，务实推进，聚焦重点，创新求变。我们相信，这样企业一定能为客户提供更好的产品，一定能发展得更好更快。

朱坤福

2021 年 6 月 21 日于济南

目 录

Contents

第一章　极致产品力，做品牌从产品开始 …………… 1

　第一节　众说纷纭的产品力 ………………………… 3

　第二节　重新定义解构产品力 ……………………… 6

　第三节　本能产生的驱动令人难以抵挡 ………… 21

　第四节　角色吸引让产品充满想象力 …………… 27

　第五节　消费习惯深刻影响消费行为 …………… 32

第二章　关注产品概念，打造产品驱动力 ………… 39

　第一节　新产品开发起始于产品创意 …………… 42

　第二节　概念是水企业是船，水能载舟亦能覆舟 … 66

　第三节　产品想达到一定高度，要有强有力的

　　　　　支撑 …………………………………………… 97

　第四节　找出差异点，提高产品核心竞争力 ……… 133

第三章　塑造产品角色，激发顾客想象力 ………… 155

　第一节　让产品体现"顾客角色" ……………… 158

第二节　营造真实情境，让顾客自然地进入

角色 …………………………………………… 165

第三节　提炼典型情节，让顾客在体验中获得

满足 …………………………………………… 172

第四节　强化产品角色，带给顾客积极的情感

体验 …………………………………………… 185

第四章　扩大产品影响，让顾客形成习惯 ………… 199

第一节　习惯令人无法抗拒 ……………………… 202

第二节　营造产品记忆点，形成顾客消费习惯 …… 208

第三节　延长产品生命线：催化新产品、激活

老产品 ………………………………………… 230

第四节　让产品与顾客有效接触，习惯才能成

自然 …………………………………………… 243

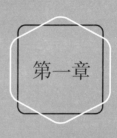

第一章

极致产品力，做品牌从产品开始

当问到产品有什么特殊卖点的时候，很多商家都会一一列举其产品特性，好像不多说几条就代表自己的产品没有竞争力一样。可是，又说不出自己的产品有什么特点。还有很多商家认为，广告代表了自己的品牌，宣传得多就是好品牌。所以，为了增加产品的销量，他们会毫无章法地对产品进行宣传，可是用户却依然不清楚商家在做什么。之所以会出现这种情况，主要原因是商家没有给产品明确的价值定位，没有重视产品力。

第一节 众说纷纭的产品力

提起"产品力"这个词，乍一听好像很专业，但同时又好像随便什么人都能说上一段。假如把它说得过于平淡，恐怕满足不了读者的"胃口"。为了说清这个概念，在专业与非专业之间，着实有些为难。

我们对于"产品力"这个词一直以来都是抱有敬畏之心的。因为在很长的一段时间里，我们都没能理解"产品力"的真正含义。我们始终认为，搞清楚"产品力"这个概念是一个专业问题，有待于专家们去研究，与我们的关系不大。我相信您的想法也和我们一样。

假如您曾经留意过一些关于"产品力"的说法就会知道，它往往是和"营销力""品牌力""销售力"等"力"同时"发力"的，甚至还有人把"渠道力"也算上了。当这些"力"被糅合在一起的时候，就形成了一套全新的"营销理论"，就连联想、康佳等这些大企业都曾经应用过这套理论。而"产品力"这个概念也因此沾了光，被打上"专业"的烙印，似乎也开始变得更加动听了。

当有人自诩"研究产品力第一人"的时候，说明产品力已经专业化了。对此，我们刚开始也有些难以理解：怎么会有人给自己取个这么有个性的名号？

通常来说，只要稍微懂一点专业知识的人，都很喜欢以营销专家、品牌专家或者管理专家等自居，不过，诸如"研究产品力第一人"这类名号却从未有人叫过。之所以有人选择这样做，很显然就是想把简单的事情复杂化，因为只要把"产品力"弄得足够专业，将"产品力"据为己有之后，就可以把它当作祖传秘方，让普通人望尘莫及。

有人说"产品力"是企业事实、营销事实……这种说法太笼统了，我们不好理解。还有人说"产品力"是产品与需求之间的对应程度……这些说法的专业性都太强了，我们很难理解。在普通人看来，只要难以说清楚的问题就一定是专业问题，需要这个领域的专家来解释。如果连专家都无法解释清楚的话，那只能说明它的专业性相当高。

从这个角度来看，产品力确实是有些专业。

笔者曾经到一个小企业做过一次内部访谈，访谈对象是一位人事部门的职员，当我向他提问如何才能提高业绩时，他的回答着实令我大吃一惊："当然是把产品做好，让消费者满意……好像是提升产品力吧。"尽管他只是一位经济不发达地区企业的普通人事职员，可是他却提到了"产品力"这三个字。从那时候开始，我们就毅然决定揭开蒙在"产品力"这一名词身上的"专业"面纱。

如果您也能随处听到"产品力"这个词，我想您也一定会得出和我一样的结论。既然一个人事职员可以说出"产品力"，那么财务部、业务部、客服部、物流部、行政部等部门的职员，也一样可以说出来。然而实际的情况却是，假如您再追问一句"产品力是什么"，可能大部分人的回答都是驴唇不对马嘴。由此可见，"产品力"这个名词显然是被滥用了。

"产品力"这三个字，看上去简简单单、平平无奇，就连小学生都能毫不费力地读写出来。然而它却并非一个专有名词，因为在词典里压根就没有这个词，自然也就没有一个专业的定义。它出现的频率非常高，几乎每位企业家和营销人员，都在潜意识里认为这是一个很简单的词语，很熟悉，很大众化，似乎任何解释都是多余。这样看起来，"产品力"这个词是难登大雅之堂了。

如果您也是一位营销人员的话，不妨回想一下您是否也提到过"产品力"？在解释产品力时，您依据的是哪些专业理论，或者说您使用过哪些专业体系？好像都有，又好像都没有？又或者说不清楚？是的，虽然已经有了"研究产品力第一人"，还有什么"产品力函数式"，然而迄今为止人们还是没能找到一个能够真正称得上"专业"的理论体系。从这个角度讲，大部分人可能都只是"随便"说说而已。

第二节 / 重新定义解构产品力

那么"产品力"究竟是什么？假如到搜索引擎里去查，结果一定会让你大失所望。在浩如烟海的信息世界里，你根本找不到一个可以令人信服的定义。如此简单且频繁出现的词语，居然找不到一个确切的定义？到底原因何在？

只有一种解释，就是每个人都觉得这个词语太常见和太普通了。到头来如果有人提及这个问题，免不了要遭人笑话："你居然连产品力是什么都不知道？还好意思以营销人自居吗？"于是每个人对这个概念都仅仅停留在"知道"的层面，没人肯下功夫追根穷底。那么，接下来就由我们来尝试着给产品力一个实战型的定义吧。

一、产品力实战型的定义

假如您是一位女士，当您路过凯文克莱（CK）专卖店时您一定会被一则女装宣传画深深吸引住：时尚、简约、舒适、性感、休闲又不失优雅气息。于是，您忍不住要停下来多看几眼，心里想着：如果我能够拥有一套，那该多好！然后，您会情不自禁地张开想象的翅膀：

如果自己穿上这套休闲装，约上三五闺蜜好友一起逛街，那简直是太完美了！因为它能够恰到好处地把自己身体的每一处优点都展露无遗！路人的目光一定都会聚集到自己的身上，回头率肯定是100%；假如穿上这套牛仔呢？哇，一样是非常棒！确实，如果真能像凯文克莱（CK）宣传的那样，既性感又时尚，达到"人裤合一"的境界，将自己的曲线之美塑造到极致，经过的男士们一定都会忍不住"偷瞄"上我几眼……

想到这里，您可能会有一种飘飘然的感觉，情不自禁地暗自得意……这一切仿佛全部都是为自己量身打造的。那接下来又会发生什么事情呢？您会迫不及待地以最快的速度冲进专卖店，找到广告上的那一款衣服，迅速冲到试衣间试穿，反复地照着镜子，脑海中再次浮现出刚才想象中的那些画面……就这样决定了，付款，买单！

在您买完单以后，整个过程还没结束。如果您把这套衣服穿在身上，看到想象中的画面真正成为现实，您一定会极力推荐给您的朋友，让他们与你一起分享这份喜悦！而且从那以后，您也会习惯性地定期去凯文克莱（CK）专卖店里逛一逛，看看是否有更适合自己的款式。你要问什么是产品力？这就是！

要说"产品力"，首先得从和它关系最密切的"产品"谈起。"产品"到底是什么？你是否认为就是指仓库里那些堆积成山的东西？或者是货架上和橱窗里那些琳琅满目的货物？从制造的角度讲，所谓产品就是成品或者半成品。它不但要符合设计配方和工艺流程的要求，还要符合所在企业、行业、国家、国际等相关的质量检验标准。比如，从工厂制造出来的饼干，就必须符合各项质量检验标准。而从营销的角度讲，产品其实就是商品。它应该具备进入流通领域进行销售的全部相关合法手续，比如已经摆在商场里进行合法销售的饼干。

那么，什么是"产品力"？马克思曾经说过，从产品到商品的转变，需要有惊险的一跳。可是假如没有足够的能力或力量，是无法完成这惊险的一跳的。所有的饼干厂家都可以制造出饼干，然而并非所有制造出来的饼干都可以顺利地"跳入商场"，跳入消费者眼中和手中，实现真正意义上的销售。因为消费者只会购买可以满足自己需要的产品。换句话说，这个从产品到商品的惊险一跳所需要的能力或力量，就是产品力。或者说，产品力就是能够让产品真正实现销售（卖给顾客）的能力或力量。

以上举的凯文克莱（Caldice Kris）就是一款产品力强大的产品。它可以让顾客无法拒绝，促使顾客去了解产品，认识产品的价值。它可以让顾客将自己当成主角，想象自己使用这个产品的美好感觉，产生一种这就是为自己量身定制的感觉。它还可以让顾客满意，并在将来会习惯性地购买该产品，通过口碑等去影响他人。这就是典型的产品力！

通过对生活的理解和总结实践，我们就可以从营销的角度给"产品力"一个实战型的定义：所谓的产品力，就是产品对目标人群有效的吸引能力。

这个实战型定义该如何理解呢？其中的核心关键词有三个：吸引能力、有效、目标人群。

第一个关键词：吸引能力。首先，产品都必须可以吸引顾客，能让顾客认识到它的价值所在。换句话说，就是要让顾客一见钟情，进而产生购买的欲望乃至行为。请回想一下，您平时在逛商场的时候，是否有一些产品会深深吸引你的注意力？

举个例子来说，如果您的头皮屑正让您烦心不已，那么当您看到海飞丝洗发水的宣传语时，您就很有可能眼前一亮，被深深地吸引过去，然后您会去深入了解海飞丝的产品，进而尝试将它买到手。如果海飞丝确实能够很好地帮助您去除头屑，满足了您的需求，那么您以后只要有了头皮屑，就会自然而然地选择购买海飞丝，甚至可能还会把它推荐给身边的亲朋好友。最后，海飞丝将深深吸引"头屑时刻的您"，并完全融入您的生活。

说到这里，或许您会问，为什么不说"满足能力"呢？这是因为在您初次接触到产品的时候，您对它只有感性认识，并不能够十分确切地了解这个产品对自己的满足程度。只有在实际地使用了这个产品以后，您才能真正了解它。如果用"满足能力"这个词，那就缺失了这"使用前"的部分。

第二个关键词：有效。对于一个产品而言，是否只要具备一定的吸引能力就够了？制造产品的最终目的是让顾客购买。倘若只是吸引顾客来看看、凑个热闹，但却没有人愿意付钱，雷声大，雨点小，试问这样的吸引力还有用吗？2006年有一部电影叫《三峡好人》，曾经在第63届威尼斯电影节上斩获金狮奖，可是影片上映后上座率不高，叫好不卖座，十分可惜。当然商业价值不是评价电影的唯一标准，这样有艺术水准的电影，至少可以打60分、70分。然而在商业领域，一个产品如果不能让顾客买单，它的吸引力就是 0！如果能让顾客买单，它的吸引力就是 100！

就产品的吸引力而言，从来没有中间状态，产品的吸引力一定要足够大，大到可以促使顾客心甘情愿地掏钱买单。这样的吸引力才有意义，才是有效的，也才能真正被称为"产品力"。

第三个关键词：目标人群。在物理学上，有一条定律这么说："力的作用是相互的。"同样地，对于产品力而言，这种吸引力的作用也是相互的。它一定是两个方面的相互作用：一个是产品，另一个自然就是购买产品的目标人群。产品可以吸引目标人群，反之，目标人群同样也会吸引产品。

百事可乐的目标人群是年轻人，而他们的父辈则一般都是可口可乐的目标人群（尽管他们偶尔也会购买百事可乐）。一直以来，百事可乐都是凭借着他们"年轻化的各种营销手段（明星代言、街舞挑战赛等）"，始终对年轻一代保持着足够的吸引力，促使他们持续不断地购买百事可乐。反过来，年轻一代也一直吸引着百事可乐，使得百事可乐也在为年轻一代持续不断地推出更多活动，一步步提升百事可乐的产品力，让年轻人群更加喜欢它，最终渐渐地离不开它。就这样，百事可乐与年轻一代之间的吸引力也就越来越大，一直到谁也离不开谁。

再举个反面例子。

有个男生在上中学时暗恋一位女同学，于是就一直给她送礼物，约她吃饭、看电影……希望以此吸引她，遗憾的是，这位女生对他却并没有感觉。结果，他挖空心思写的那些情书被女孩通通交给了班主任，还在班会上被念出来，那个时候他真恨不得挖条地缝钻进去！看，只要目标对象没找对，再怎么表白也是白搭！所以说，只有针对目标人群的吸引力，才能称为"产品力"。

二、常见产品力的定义误区解析

误区一

如果把产品吸引力归到"实战型"的范畴的话，那么接下来我们就该来说说"专业型"理论了。一篇题为《可研究的产品事实》的文章里有这样的文字："产品力来自事实，事实才是营销的原点……研究产品力，就是有效地发现产品营销中存在而未被发现的可营销的产品事实。"

细心的读者有没有从这句话里发现什么呢？是否感觉这个概念似曾相识，好像在哪里见过？是的，这句话与营销大师菲利普·科特勒的经典名言如出一辙："营销就是发现还没有被满足的需求并满足它。"不过很可惜，文章作者提出的概念只强调了前半部分，即"发现还没有被满足的需求"，却并没有提到后面的"满足它"。由此可见，虽然作者对科特勒营销理论可能做了一定的研究，但却远远没有研究透彻，甚至还有一种可能是他其实精通"科特勒理论"，只不过他为了避免完全雷同，从而刻意地把后面的部分忽略了——这很容易让人误入歧途！

另外，我们从作者的描述中摘抄一下"产品力"的定义：产品力是指产品营销中存在而未被发现的可营销的产品事实。将这个句子缩写一下，就变成了：产品力是事实！产品力是什么"事实"？产品事实？营销事实？……显然，说产品力是属于某种"力量"或"能力"会更加准确。

不管怎样，人们都会认为产品力是一种"力量"或

"能力"，即"产品的力量"或"产品的能力"。我们这不是故意抬杠，而是希望可以用基本常识来说明问题而已。"定义"的目的就是要让人们一目了然，非常明确地理解某个词语。假如一个名词定义用一句话说不清楚，显得莫测高深，这无论如何不能算是一个好的定义。

误区二

在网络搜索引擎上，我们还搜索到了另一位专家的产品力函数理论，该理论是这样描述的："产品力即产品与需求之间的对应程度……对应程度越高，产品力越强；对应程度越低，产品力越弱。"除此之外，他还特意为产品力设计了一个非常专业的函数式。

仔细观察一下这个函数式，感觉有点类似于中学里学过的牛顿力学定理，具体如下：$F_0 = g_0 (M_0 + R_0 + X_0)$，其中 F_0 指产品力；M_0 指目标顾客对产品核心属性的满意程度；R_0 指目标顾客对产品存在形式的认可程度；X_0 指产品给目标顾客带来附加值时的惊喜程度；g_0 指门槛系数，表示竞品对产品模仿时的难易程度。

再次和菲利普·科特勒营销理论对比一下，我们不难发现，这个理论同样和科特勒的定义有些类似。"产品与需求之间的对应程度"，用营销语言来描述，就是"产品

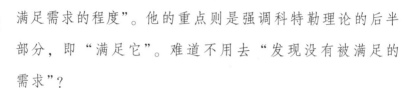
满足需求的程度"。他的重点则是强调科特勒理论的后半部分，即"满足它"。难道不用去"发现没有被满足的需求"？

由此看来，关于"产品力"这个概念，有人给出的定义偏重于前半部分"发现还没有被满足的需求"，而有人却偏重于后半部分"满足它"。如果将二者的定义合而为一，恰好构成了完整的菲利普·科特勒营销理论。

三、产品力=驱动力+想象力+影响力

所谓的产品力，是对于"购买产品的人"来说的，也就是说是针对目标顾客的。假如没有了顾客，产品力也就不存在了，甚至可以说没有任何意义。

马斯洛把人类的需求划分为五大类：生理需求、安全需求、社交需求、尊重需求和自我实现需求。需求的出现一般由较低层次到较高层次，从物质到精神，满足的难度从小到大。而从产品力的角度来看，每一个需求层次上的消费者对产品力的要求也不一样。

根据顾客购买行为的不同，我们则将产品力分解成三个分力：驱动力、想象力、影响力。图1-1展示了它们之间的关系：

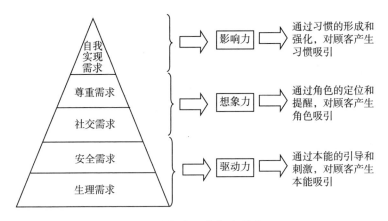

图1-1 需求层次与产品力

生理需求与安全需求，是人的本能。饿了要吃东西，渴了要喝水，困了要睡觉，这些都是人的本能。"怕上火，喝王老吉"这句著名的广告语，就是通过对人本能的引导和刺激，来满足人们的安全需求。沃尔沃汽车直接把"安全"这个属性据为己有，有别于奔驰、宝马等富豪角色的"豪华、享受"等字眼，同样也是激发了人对于安全的一种本能渴望。正是通过"安全"引导和刺激人的本能需求，王老吉、沃尔沃才对顾客产生了本能吸引。也正是这种本能吸引，最终驱动顾客掏钱买单。

社交需求和尊重需求，是人们对于某种角色的渴望。如果您去参加一个白领聚会，去认识更多的白领人士，那是因为您想成为一个"成功白领"；您希望获得学生的尊重，那是因为您想成为一名"优秀教师"。动感地带这个品牌，是通过"超酷一族"的角色定位和提醒，让用户从内心深处感觉到"酷"。哈根达斯则是为目标用户塑造了"甜蜜情侣"这个角色，以此打动了无数青年男女。正是"超酷一族""甜蜜情侣"这类角色，让目标用户充满想象。

表面上看起来，自我实现需求似乎高不可攀。但实际上"自我实现"很简单，说白了就是更加随心所欲，更加自由、自尊、自信。自我实现，并不是指要达到很高的地位，拥有许多的财富，而是找到了自己真正想要的东西，可以按照自己的意愿生活，不受他人的意志摆布。吃麦当劳，不是因为汉堡好吃，炸鸡有营养，而是因为习惯了，"我就喜欢"；用全球通，不是因为信号好、成功人士专用，而是因为不想换号码，习惯了——只要你可以让顾客形成使用习惯，并不断强化，你就能让顾客持续买单。

因此，三个分力之间是互相关联的，如果与马斯洛需求层次对应起来的话，产品驱动力是基础，没有驱动力的产品，经不起市场的考验，"中看不中用"。产品想象力是提升，它能够让产品产生溢价，而且不容易被对手模仿。产品影响力则是升华，它能够让产品产生一系列连锁反应，持续提升。

在此需要特别强调的一点是：整个产品力的根基是产品驱动力，它好比是一辆汽车的发动机。缺少产品驱动力的话，另外两个力就会成为空中楼阁，根基不稳。

在不同的时期，产品力每个分力的权重也是会有区别的。企业应该根据顾客需求、竞争者的反应以及自身的能力，来确定产品力分力的权重。

以农夫山泉为例，在产品上市的初期，作为基础的产品驱动力的权重就比较大，因此农夫山泉比较注重驱动力的塑造，于是有了"农夫山泉有点甜"。笔者曾经喝过农夫山泉，可是一点都没有感觉出来甜，相信绝大多数喝过农夫山泉的人有同感。可是，有顾客会因此去投诉农夫山泉吗？不会。因为山泉有点甜，和糖水或果汁饮料的那种甜无疑是有很大区别的。顾客对于新鲜纯净的水，不可能有那么高的甜度要求。正如不会有人因为方便面里没有像包装图片上那么大的肉和那么新鲜的菜而去投诉生产厂家一样。

事实上，正是"有点甜"这三个字，隐隐约约地挑逗着顾客的味蕾。冲着这"有点甜"的体验，人们就忍不住会把手伸向农夫山泉。

随着时间的推移，农夫山泉控制了大部分天然纯净的水源地，不再生产人工的纯净水。于是他们又提出了新的广告语——"我们是大自然的搬运工"。在他们的广告中，做了一个很有意思的对比，分别用人工的纯净水和天然纯净水养金鱼，看金鱼在哪里存活的时间长。结果自然是天然纯净水胜出，就这样农夫山泉在天然纯净水的概念得到进一步强化的同时，也把消费者的想象空间打开了。喝农夫山泉，天然更健康。

后来，农夫山泉又开始了新一轮的攻势，提出了弱碱性水的概念。尽管这个概念不如天然纯净水源地那么容易理解，有点超前，对大众而言可能还有些难以理解，然而农夫山泉在天然纯净水领头羊的行业地位和影响力却因此再次得到了提升，让习惯于喝天然水的消费者更加习惯于喝天然水。于是，消费者持续不断地在为农夫山泉买单。

第三节 / 本能产生的驱动令人难以抵挡

人一般都难以抗拒本能的吸引。在路上邂逅一位时尚的美女，男士一定会本能地多看她几眼；在饥肠辘辘之时，猛然看见一块香喷喷的面包，您一定会本能地咽几下口水；炎炎夏日，面对冰镇可口可乐的冰爽诱惑，您一定会本能地难以抗拒……如果你能很好地将人的本能需求挖掘出来，产品力将会变得无比强大。

本能的英文单词是 instinct。达尔文早在 1859 年就提出了一个表现本能主要特征且普遍适用的描述："我们需要经验去完成一个行为。然而，当这一行为可以被一个动物完成，尤其是被没有任何经验的非常幼小的动物所完成，并且当该行为为很多个体以同一方式完成，同时它们并不清楚做出这一行为的意图是什么，那么我们通常称这类行为为本能。"在这里，他强调的是"没有任何经验"，即"天生的能力"。

有人给本能下了这样一个定义："本能是一种遗传的或内赋的心身定势，它决定其载体知觉，注意某组确定的对象，体验这种对象知觉所产生的特殊的情绪兴奋，并

— 21 —

且以一种特定的态势对其做出行动，或者至少是体验到做出行动的冲动。"

在威廉·麦独孤所编制的本能量表中，本能包括相争、驱逐、好斗、猎奇、求偶、求食、贪得、喷嚏和笑等行为。麦独孤认为，人的某些行为是由一种内在的"驱动"所决定的，这种驱动力是基于机体的一种神秘的本能。

由此可见，本能所产生的驱动力是很难抵挡的。

2019年，英国调查公司欧睿（Euromonitor）发布100大品牌榜，按照全球零售销售额排出全球最成功的100个快速消费品牌，可口可乐毫无悬念地位列第一。看到这个消息，请问您有什么感想？

假如您是可口可乐的用户，您会为您自己喜欢的品牌而感到高兴吗？会为您自己喜欢的行为而感到自豪吗？会觉得您的选择是明智的吗？您会觉得您的偏爱是理智的吗？您会继续成为可口可乐的忠诚用户并继续拒绝其他可乐的诱惑吗？

不知道您有没有发现，在街上的便利店里出售的可乐，通常价格都会比沃尔玛超市里的零售价格贵上一半左右！虽然小店确实需要赚取一定的利润，可是在饮料上赚取的利润竟然高出这么多，还是有点出乎人们的意料，这必定事出有因。

夏天的时候，假如您在大街上走得又渴又热，想喝可乐了，您会为了省那一半的价钱，而选择到沃尔玛超市里去买一罐可乐吗？很显然不会——谁会为了省一块钱而专程跑到超市去买一罐可乐？

"来一罐冰可乐？"您本能地强调这个"冰"字。可乐如果没有加冰，您可能就不会买单。街边小店发现：最赚钱的就是卖冰镇可乐！

您知道麦当劳和肯德基最赚钱的产品是什么吗？在这两大快餐巨头的利润表中，最赚钱的产品并不是炸鸡和汉堡，也不是薯条，而恰恰就是可乐！

因为您在麦当劳和肯德基里买到的可乐，杯子里有超过50%的容量全是冰块。换句话说，您花钱买到的其实是半杯可乐+半杯冰块。那么，您会因为里面只有半杯可乐而去投诉麦当劳、肯德基吗？至少到目前为止还没有发生过这种事情。

您会因为可乐只有半杯而只愿意支付一半的价钱吗？而这杯可乐的价钱比街边小便利店里的还要

贵上一倍！而你花了这么多钱去购买它仅仅是为了那半杯冰块！于是，这两大快餐巨头终于发现：自己店里最赚钱的产品竟然不是可乐，而是冰块！

到了 2005 年，可口可乐终于发现了这个天大的秘密。于是，可口可乐公司的广告语和卖点开始改变，回到了正确的方向。"要爽由自己"，这句广告语突出了一个字：爽。要怎样才能爽？当然是冰冻。在冰爽这个词里突出的也是一个字：冰。由此更加直白地给消费者传递一个信息：有冰才会爽。畅爽开怀，突出的则是两个字：畅爽。开怀畅饮冰冻可乐，才会爽。

不过，可口可乐公司发现这个秘密，前后一共花了 100 多年时间。100 多年来，可口可乐不止一次地与关键词"清凉""冰凉"擦肩而过——

1926 年时，可口可乐公司第一次发现关键词"清凉"，此时距离可口可乐公司成立已经过去了40 年。然而遗憾的是，才到了第二年他们就放弃了"清凉"。

到了 1932 年，也就是在第一次发现"清凉"后的第六年，他们第一次发现了关键词"冰凉"，比起清凉，冰凉就更进一步了。可惜的是，这个关键词，也仅仅用了一年就被无情地放弃了。

1958 年，可口可乐公司再度发现"清凉"一词，此时距离第一次发现这个关键词已经过去了整整 32 年。可惜的是，没过多久，这个发现又被抛弃了。

在外出的时候，您或许可以很容易带上水，可是却无法带上冰块，更无法带上冰箱。因此，只要是卖可乐的地方，一定可以找到冰块或者冰箱，就连路边的小店也不例外。

您购买可口可乐是因为它所代表的美国精神吗？肯定不是。所谓的"美国精神"和您并没有多大关系，除非您是美国人。可口可乐吸引您的，并不是品牌价值。

那么，您购买可口可乐是因为它们请了明星来代言吗？我想应该也不是。许多人甚至连他们代言的到底是可口可乐还是百事可乐都搞不清楚。如果不信，您不妨问问身边的朋友，我敢说至少有 80% 以上的人分不清楚。这又说明了什么？说明可口可

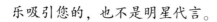

乐吸引您的，也不是明星代言。

追求"爽"，是人的本能。在炎炎夏日里，人们的生理需求就是清爽、凉爽、冰爽。而爽快、豪爽、直爽，则是人们在社交活动中的安全需求。因为如果您遇到一个人对您扭扭捏捏，说话拐弯抹角、含含糊糊，你从他的话语中感受不到一丝真情实意，您是否也会担心受到欺骗与伤害？一个"爽"字，对您产生了本能诱惑。

无论是可口可乐还是百事可乐，或是其他品牌的饮料，真正能够吸引你的，不是品牌价值，不是明星代言，而是那种冰爽的感觉！可口可乐公司花了100多年的时间，才找到了他们产品真正的卖点和产品驱动力。不管怎么说，可口可乐已经步入了"正轨"。他们找到的这个卖点十分有效地驱动着人们为此买单，可口可乐公司在数钞票时也比以前"爽"多了！

这个品牌价值近700亿美元的国际大牌，给了我们一个十分重要的启示，那就是：驱动力等于本能吸引，它威力巨大，难以抵挡。不管穷人还是富人，概莫能外！

第四节　角色吸引让产品充满想象力

在现实生活中，我们每个人都在扮演各种"角色"。与此同时，每个人又都会梦想扮演更高层次的角色，并且愿意为这个"梦想角色"付出不懈努力，包括金钱、时间，甚至甘愿去冒失去生命的危险。有的人为了减肥把自己搞出了一身的毛病，甚至还有人因为美容而把自己的宝贵生命丢在了手术台上！

您看，"梦想角色"就是这么奇妙，无人可以抗拒。有人为了能够成为晚宴的主角，不惜耗费整整一个月的薪水，毫不犹豫地买下一件漂亮的衣服。也有人为了追求心爱的女神，花费重金买一个豪华钻戒送给她，连眼睛都不眨一下。还有人为了步入"富翁"的行列，让别人看到自己的家境不错，就咬紧牙关，花费一年的薪水去装修房子，贷款买车……而私底下却为了省钱而节衣缩食，偷偷吃咸菜，哪怕是做一个"负翁"也不放在心上。

那么，究竟是什么原因会让您心甘情愿地多付出一些钱呢？答案就是角色！由于您对"晚会主角""她的另一半""富翁"等美好角色的憧憬——您似乎已经体验到了这些角色的美妙感觉，所以在掏钱时可以毫不犹豫。这就是角色吸引——产品想象力。

角色，英文单词是 role，它原本是戏剧中一个名词，指的是演员扮演的剧中人物。一些社会学者在 20 世纪 20 至 30 年代的时候将它引入社会学，随即发展出社会学的基本理论之一——社会角色理论。社会角色是指和人们的某种社会地位、身份相对应的一整套权利、义务的规范和行为模式，它构成了社会群体和组织的基础，是人们对具有特定身份的人的一种行为期望。

在很早之前，就有人将"角色"的概念引入了营销领域。或许您曾经听说过"角色产品"这一概念，但"角色"一词似乎又没有引起营销人的足够重视，因此大家根本不清楚应该如何营造"产品角色"。出于这个原因，我们才尝试着为产品赋予某种"角色"，让产品充满想象力。

在营销的领域里，"角色"是没有高低贵贱之分的。千万不要动辄就往"成功人士""精英""贵族"等角色上靠。您唯一需要做的只是努力挖掘目标顾客内心深处的"梦想角色"，并且通过您的产品去为他们实现这个角色，让目标顾客可以想象得到这个"梦想角色"的美妙体验。显然，这需要使您的产品充满想象力——角色吸引。

各位女性朋友，你们在购买一款唇膏的时候，考虑的是什么？是更多滋润，倍感呵护吗？还是凝聚无限亮彩，释放层层水润，或是自然持久呢？……

估计有80%以上的人会这样回答："没错！不是滋润和亮彩……还能是什么？"可是，我们的答案并非如此。

各位女性朋友，你们在购买一款粉底液的时候，想要达到的是什么样的效果？是无痕贴合肌肤，自然通透妆效？还是无瑕遮盖功效，非凡遮盖效果？是不伤肌肤温和滋养，持久润泽一整天？还是干干净净，舒适无感？抑或是因为"贴合肌肤""自然通透""无瑕"等诱人的词汇，让您无法抗拒？您的答案或许还是肯定的，但我们仍然有不同的看法。

各位女性朋友，你们在购买一款美白润肤霜的时候，看重的是什么？是肤色明显净白，更富有光泽，肤色更均匀？是完善的全日滋润，令肌肤柔软而有弹性，整日感觉舒适？还是让肌肤更通透，光彩照人？或许您看中的确实是这些美丽的字眼。然而，这背后隐藏的究竟是怎样的深层目的呢？

其实，您购买化妆品并不单纯只是为了滋润、遮瑕，或是美白。您最终的目的是：为了实现一个心中的梦想——让自己变美的梦想！

梦想是什么东西？它也能拿来卖吗？它应该值多少钱？

1元，10元，100元，1万元，1亿元……还是一文不值？您见过卖梦想的企业吗？您为什么要购买梦想？梦想究竟有什么魔力？

一提起"梦想"，我们很容易想到"幻想"。因为梦想好像肥皂泡，无论有多美丽，最终也仍然要在阳光下消失无踪。有时梦想如同镜中花、水中月，只要轻轻一碰就破灭了，不能将它捧在手心里。这样的梦想终究只是一场梦，无论你再怎么想它也不会变成现实。但正是这表面上看起来无比虚幻的梦想，却被各大企业拿出来卖了一次又一次。

到今天为止，从来没有人拒绝这些梦想。恰恰相反，消费者们一天比一天更加热衷于购买梦想，甚至愿意为此付出更多的金钱。即使一个梦想破碎了，也很快又会拥有新的梦想。

事实的确如此。在购买唇膏的时候，您想要的其实是"美丽的嘴唇"，您梦想的是和广告里美丽女人的嘴唇一样完美无瑕，即便您知道自己的嘴唇不可能像她一样摄人心魄。而购买粉底的时候，您想要的其实是"漂亮的脸蛋"，您梦想着有朝一日能和广告里美女的脸蛋一样美丽动人，尽管那只是一个"梦想"罢了。在购买润肤霜的时候，您想要的其实是"白皙的肌肤"，您梦想着和广告里的女模特一样肤白胜雪、光彩照人，尽管您心里也清楚那只是一个幻想而已。试想，如果广告里的女人像东施效颦一样让人看了恶心反感，又或是广告里的模特长得还没您本人漂亮，您还会一次又一次地去购买它们吗？所以说，您最终的目标是成为人见人爱的漂亮女人。您希望拥有"漂亮女人"这个角色的一切特权，包括受到关注，被追求，让人宠爱。

请问各位女性朋友，您难道不想成为一个"漂亮女人"吗？哪个女人不梦想着自己像代言广告的模特一样漂亮？哪个女人不梦想着自己被人关注、被人追求、被人宠爱？正是"漂亮女人"这个梦想中的角色，促使您不断地去购买各式各样的化妆品和护肤品，让您甚至愿意付出更高的价格去购买那些昂贵的国际知名品牌，哪怕少吃一点零食也无所谓！

每个人内心深处都隐藏着很多深切的渴望，这就是梦想，它是一种强烈的需求，可以激发人们潜意识里的所有潜能。梦想，能够给人们的工作和生活带来巨大的动力，让您欲罢不能，难以割舍。人们只要提到自己的梦想，都会有一阵抑制不住的兴奋。

有梦才有想头，有梦才有盼头，有梦才有奔头。我们日常生活中遇到的各种不满和不足，恰恰也正是梦想诞生的地

第一章 极致产品力，做品牌从产品开始

方。在渴望与满足之间的悬念地带，有一台梦想的发动机：想象力。

第五节 消费习惯深刻影响消费行为

古罗马著名诗人、长篇叙事诗《变形记》的作者奥维德曾经说过这样一句名言：Nothing is more powerful than habit（没有什么比习惯的力量更强大）。

有一项科学研究表明，人们有90%的日常活动都源自习惯，或者说是惯性。回想一下，我们大多数人每天的日常活动，几点钟起床，几点钟睡觉……每一项都是习惯，只要有哪一天的作息不对，就会感到很不习惯。就算是刷牙、穿衣、吃早餐、上班等事情，如果少了其中的任何一个步骤，也会感觉很不适应。在一天之内，又有多少形形色色的习惯在您的工作与生活中时时上演着？可以毫不夸张地说，人们生活的各个方面都受到习惯的支配。

所谓习惯，就是人的行为倾向。换句话说，习惯一定是一种稳定的行为，甚至是一种自动化的行为。消费习惯也是一样，它深刻影响着人们的消费行为，很难轻易被改变。

在以前很长的一段时间里，顾客到超市购物，都习惯于使用超市提供的免费塑料袋。但是，后来国家出台了强制性的"限塑令"，规定必须有偿使用塑料袋，这样一来，许多人就不得不改掉多年以来的消费习惯了。刚开始的时候，也许您会感觉到很大的不便，购物没那么方便了，很不习惯。但是如果仔细想想，超市里的大塑料袋通常一个也不过就是3毛钱，小塑料袋是2毛钱，也就是说，您购物的成本只是增加了区区的几毛钱而已。况且，大多数的上班族都是在下班的时候顺便到超市买东西回家，很少有人会记得带几个购物袋去公司上班。成本只有几毛钱的购物袋如果弄脏了还要再利用的话，单是清洗也会增加不少麻烦。因此，那些既"方便"又"便宜"的塑料袋对您产生了习惯性吸引。会用塑料袋的人还是会继续用，所以，也只有那些生活有规律、出门有准备的老人家，还有平常习惯于精打细算的人，才会记得背着购物袋去逛超市。

这样看来，单纯的一纸"限塑令"效果仍然有限。想要改变人们的消费习惯，还有一个办法是用利益打动他。

以前，人们在购买商品的时候都习惯了用现金。当购买一些比较大件的商品时，现金交易就很麻烦了。拿着一大摞的钞票，数都要数半天，尤其是有些人喜欢蘸着唾沫数钱，既麻烦又不卫生。还有，随身携带大量的现金也很不安全。

于是，支付宝、微信等移动支付方式应运而生。虽然刚开始的时候，人们都不太习惯，手里没有现金总感觉不实在，但仍然不乏勇于尝试的人。当大家突然发现移动支付比起现金交易来有更多的好处时，尤其在消费的时候，感觉似乎花的不是自己的钱，于是渐渐地习惯了这种消费方式，并在不知不觉中就花掉了更多的钱。从此以后，能移动支付的就坚决不用现金，此时移动支付对您产生了一种习惯性吸引。由此可见，一旦人们形成了一种消费习惯，就会连续不断地给企业带来生意。

全球通向全世界大声呐喊："我能!"可是，您了解这两个字的含义吗？是"自信、乐观和笑看人生的胸怀"？是"坚持梦想、不懈追求的动力"？是"坚忍不拔、超越自我的勇气"？还是"这个时代的主旋律，为时代喝彩"？

我认为，全球通无非是想向世人宣布——我能让您成为全球通的"忠实用户"，我能让您一直使用全球通，并且为全球通不断地买单。

使用全球通的朋友们，您真的对全球通忠心耿耿吗？设想一下，如果有一天，您忘记带手机或是手机没电了，而身边的朋友用的是联通的沃·家庭，您此时需要给一个重要客户打通话，您会为了忠诚于全球通而不打这个电话，因此失去一个重要客户吗？绝对不可能！

这说明您并非忠诚于全球通！然而在大部分的时间里，您使用的确实都是全球通，原因何在？无非也是因为习惯罢了！

较早使用手机的朋友们应该都很熟悉"全球通"三个字，从营销的角度来说，这无疑是一个非常好的名字，既言简意赅，又形象贴切，朗朗上口。

其实，中国移动最开始时推出的号码段是139，后来才有了138、137、136等号码段。在那个时候，人们通常是这样问的："您手机使用的号码是139还是138的？"而不是问："您用的是全球通吗？"当时连品牌都不存在，更不用说品牌忠诚度了。

后来中国联通推出了CDMA，中国移动这才推出了应对措施，将"全球通"当作品牌来运作。

国内第一批使用手机的用户，绝大多数人都属

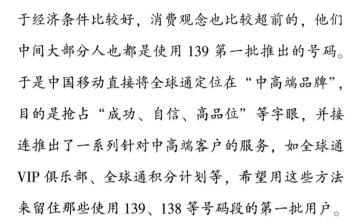

于经济条件比较好，消费观念也比较超前的，他们中间大部分人也都是使用 139 第一批推出的号码。于是中国移动直接将全球通定位在"中高端品牌"，目的是抢占"成功、自信、高品位"等字眼，并接连推出了一系列针对中高端客户的服务，如全球通 VIP 俱乐部、全球通积分计划等，希望用这些方法来留住那些使用 139、138 等号码段的第一批用户。

表面上看起来，似乎确实是这些"品牌化"的手段在起作用，然而实际情况真是这样吗？您真的是因为"成功、自信、高品位"而使用全球通吗？或者是因为全球通 VIP 俱乐部、全球通积分计划等而去使用全球通的吗？

以往在人们的印象里，只有 139、138 的号码才是全球通。但是现在连 137、136、135、134 等号码段都早就可以全球联通，全球通号码和大众卡、神州行、动感地带等的号码都不分彼此了。如果您使用的是 139 的号码，当您和使用 137 的顾客同时在移动营业厅里办理业务时，请问您还会觉得自己使用全球通有什么优越感吗？还会觉得全球通代表着"成功、自信、高品位"吗？

那么您为什么还一直使用全球通呢？因为您已经习惯了您的手机号码！您的手机号码已经使用了那么多年，突然一下子换掉的话，您还要去一个一个地通知亲朋好友和同事客户……这是一项多么费时费力的工程！其实，不管是全球通也好，CDMA也罢，本质上都无非只是一个号码、一张卡片而已。换号码的代价太高，所以您不愿意改变习惯。

从以上的案例中，我们不难得出结论：顾客的消费行为受到消费习惯的影响。假如不能给予顾客足够的利益，就不要妄图轻易去改变顾客的消费习惯。无论是什么产品，消费习惯永远都是品牌忠诚的根基。

在品牌资产中，最被高估的一个指标就是用户的忠诚度。虽然理论上每个品牌都想要拥有一批忠诚的顾客，然而，究竟什么是用户的忠诚度？现实情况是，用户的忠诚度意味着他即使可以用一个更低的价格（或者更高的品质）购买同样的产品或服务，但他仍然愿意购买品牌产品。对此，品牌专家们给出了一个专业的名词——品牌溢价。

从长远来看，忠实的用户会变成傻瓜顾客。一旦他们意识到忠诚度和犯傻之间只有一步之遥，并且发现自己成了一个不折不扣的傻瓜时，品牌的好日子也就到头了。因此，我们发现有不少全球通的用户已经默默地开始使用第二个手机号码了，而且还往往选择中国移动的对手联通的号码，原因很简单：省钱。

所以，千万不要把人们的"消费习惯"当成是"品牌忠诚"。因为"忠诚"这个词太沉重，不是一般产品能够承受得起的。一般的产品只需要用消费习惯去吸引消费者就足够了。

第二章

关注产品概念，打造产品驱动力

从市场营销的观点来看，产品是向市场提供的，供人们留意、获取、使用或消费，以满足其某种欲望和需要的一切东西。从消费者的角度出发来理解产品是非常有益的，这个已经得到普遍认同的视角带给我们一个新的认识：对于消费者来说，他们想购买或者所关心的不是产品，而是产品身上所带有的某种功能、某种解决消费者难题的方法，或者说卖点。

卖点，就是具有吸引力的"利益点"，而不是属于产品经营者自己的"利润点"。卖点，来自消费者的洞察，而不是来自产品经营者的喜好，或者来自某个广告人的创意。对于一个品类的产品或者一个品牌的产品来说，该产品的优点或特点可能会有很多，但并不是每个优点都非常有市场价值。所以，在挖掘产品卖点的时候，要从众多产品卖点中捕捉到对产品来说真正有市场价值的优点或特点，并将之视为广告的诉求点，继而尝试用消费者的视角，重新审视其价值，将之转换为产品概念。

产品概念指为制造畅销品而想出的与消费者联系起来的好主意。在诉求点的基础上，产品就有了引人注目的特点，但这不等于消费者就会为之动心。为了使产品与消费者建立起良好的联系，宣传产品诉求点时就要转换视角，以消费者的角度来看待这个诉求点，描述其对消费者的作用和价值。由此，对信息的表述就得到了一次提升——表述已经从产品的角度转换到了消费者的立场，与消费者建立起了紧密联系。

在产品日益丰富且同质化倾向日渐明显的市场环境中，准确把握产品卖点并转换为营销概念，是进行有效品牌传播、增强产品市场竞争力的重要途径。之所以提炼营销概念就是因为消费者的记忆是有限的，因此要寻找最切合消费者需求的产品卖点，使其迅速启动消费认知，释放消费欲望。

第一节 新产品开发起始于产品创意

在说"概念"之前，我们首先来谈谈"创意"。创意是一个褒义词，大部分人都会喜欢。有人看到朋友穿了一件破了个洞的牛仔裤，会说"这条裤子好有创意"；有人听到主持人在节目里说了句"I don't bird you"，也会说"这话很有创意"；有人甚至把长相也当作一个创意，说"这人长得很有创意哦"……创意早已是一种流行，一种时尚，甚至成了一些人的"口头禅"。那么，"创意"到底是什么？

一、"创意"到底是什么

"创意"也叫"点子""主意"或"想法"，英文叫"idea"，一个好的点子也就是"好的创意"，英文叫"good idea"。一般来说，这些"点子""主意""想法"源于个人创造力、个人技能或个人才华。如果说得更学术一些的话，"创意"就是科学技术和艺术结合的创造。还有人说，"创意"是生产作品的能力，而这些作品既新颖，又适当。

那么，创意到底是什么东西？

创意，在英语里可以用"creative、creativity、ideas"表示，本身是创作、创制的意思，有时候也可以用"production"表示。从 20 世纪 60 年代开始，在西方国家出现了"大创意"（the big creative idea）的概念，并且迅速流行开来。

"大创意"又是什么？它同样没有一个精确的定义！

大卫·奥格威曾说过："要吸引消费者的注意力，同时让他们来买您的产品，非要有很好的特点不可，当然您的广告还要有很好的'点子'，不然它就像船只一样很快被黑夜吞噬。"奥格威同时也强调产品特点，但他只说到了"点子"，并没有提到"创意"两个字。

没有人能给创意下定义，因为任何关于创意的定义都不免会落于俗套。

说到这里，您可能会问了：既然没法给"创意"下定义，那到底怎么理解？

我们认为，创意分为产品创意和广告创意。

索尼（Sony）公司曾经为了解决录音机体积大、过于笨重的缺点，创造出了"便携式录音机"。便携式录音机一经推出，立刻风靡全球，遍布大街小巷。

美国多元化跨国企业（3M）的科学家斯宾塞·西尔维，一直梦想着能够研发出一种超强的粘剂，可他研制出来的粘剂总是粘力不够，始终达不到理想的效果。他感到万分沮丧，把它给了其他的科学家，想看看它还有没有别的用途。巧合的是，另一个科学家由于遇到了一个问题而产生了一个"产品创意"——可粘便贴。阿瑟·弗赖伊是当地教堂的唱诗班成员，他发现在赞美诗集中很难做记号，因为他夹在里面的小纸条很容易就会掉出来。于是他在纸片上试着涂了点西尔维博士研发的弱粘胶，没想到这张纸条粘得很好，而且在撕下来的时候也不会弄坏书本。就这样，"可粘便条纸"诞生了，现在，美国多元化跨国企业（3M）的"可粘便条纸"已经畅销全世界。

一种粗纤维的饼干含有膳食纤维，可以改善消化系统功能，通过添加果仁等小料调节口味，可以作为健康食品推广。

一种新口味的酸奶，比普通酸奶流动性好，并且还具有一种特别的口感。此外还有醒酒、提神、补充肠道益生菌等功能，还能减少因流动性差而造成的残留浪费。

以上就是一些典型的产品创意。要说拥有创意最多的，无疑是广大的广告人和策划人，他们时时刻刻都把创意挂在嘴边。

对于创意（ideas）的解释，广告界普遍认同的是詹姆斯·韦伯·扬在《产生创意的方法》一书中的表述："创意，完全是各种要素的重新组合。广告和平面广告设计中的创意，常是有着生活与事件'一般知识'的人士对来自产品的'特定知识'加以重新组合的结果。"其实，这句话说的是广告创意的方法——旧元素新组合。

创意，正如1996年6月一位美国评委在戛纳国际广告节上所说："我认为我们所看到的一些最好的东西，传递信息都很快，并且很到位，它无须费神去思考或阅读。"

二、产品创意决定着新产品是否卓越

种子的基因很大程度上决定了其是否可以长成参天大树。新产品创意的质量也同样决定了能否开发出卓越的创新产品。

产品创意产生是新产品开发的第一个阶段，是新产品开发的源头。"问渠哪得清如许，为有源头活水来。"新产品开发的前提是要有足够多的、足够新颖的新产品创意供公司筛选。缺乏足够多的创意的新产品开发就是无源之水、无本之木。在创意产生阶段，"数量是成功的朋友"。企业首先应该通过多种方式激发出尽可能多的新产品创意，然后通过有效的创意优化和筛选流程，选择最有前景的创意进入概念开发阶段。

新产品创意大致可以分为两类：一类是突破性创意，另一类是改进型创意。突破性创意是指对于本行业或企业所在市场而言，新产品的创意是独一无二的；而改进型创意主要是指在现有产品的基础上进行一些或大或小的改进、升级或优化。改进型创意又可根据改进幅度分为重大改进型创意和微小改进型创意。例如，苹果公司 2007 年推出的苹果手机

（iPhone）是突破性创意产品，大部分国内家电厂商推出的新一代电视机都是属于改进型创意产品。

追求持续、快速成长的企业需要改进型创意，更需要突破性创意。很多企业正是由于很长时间内都不能推出突破性的新产品而停滞不前，甚至走向衰败。有些企业正是因为推出了突破性的新产品而一跃成为市场的领导者。中国中车推出的高铁、谷歌推出的搜索引擎、亚马孙推出的网上书店、阿里巴巴推出的淘宝、腾讯推出的微信等都属于突破性创意产品。

突破性的新产品能带给企业的好处主要有如下方面：

1. 突破性的新产品能为企业开创巨大的市场空间

突破性的新产品通常能开创出巨大的"蓝海"市场，市场空间非常广阔。苹果公司 2010 年推出的 iPad 平板电脑，上市 80 天就卖出了 300 万台，其日均销售量远远高于任何品牌的台式电脑或笔记本电脑。

2. 突破性的新产品能帮助企业成为行业的领导者，或者标准的制定者

成为行业领导者，并且与跟随者拉开差距的最好方式就是开发和上市突破性的新产品。英特尔公司通过突破性创新在 CPU 市场上一直领先，占据 80% 以上的市场份额，成为行业的领导者和标准的制定者。

3. 突破性的新产品能为公司带来良好的品牌形象

公司的品牌形象不是靠广告宣传出来的，而是通过产品的使用由客户传播形成的。产品本身就是最好的品牌宣传媒介。时尚、个性、特色是现代人的追求，创新性强的产品能给客户带来更多的体验价值和惊喜价值，创新型企业比模仿型企业的品牌知名度和美誉度要高得多。苹果公司凭借持续推出突破性的创新产品，其知名度和美誉度要远远高于其他消费类电子生产厂商，苹果公司已成为时尚和创新的代名词。

4. 突破性的新产品能为公司带来更高的利润率

由于突破性的新产品特色鲜明，又不容易被模仿，因而企业具有较高的定价权，能够持续保持较高的利润率。苹果公司的手机占全球智能手机销量20%左右，但利润却占全球智能手机利润的90%以上。

突破性新产品是大多数企业的追求，但是要开发出突破性的新产品非常不容易。在各种类型的新产品中，真正有突破性的新产品只占10%左右。为什么大多数企业不能开发出突破性的新产品？根本原因有以下几个方面：

1. 公司领导者缺乏创新意识和长远抱负

一些企业的领导者缺乏真正的企业家精神，满足于做跟随者，认为这样做研发投入少、风险低、见效快。模仿策略在市场不饱和、竞争不激烈的情况下是有效的，但是随着模仿者的快速增多、市场容量的日渐饱和，市场很快出现同质化竞争的局面，大多数企业很难持续生存和发展。很多突破性创新的案例一再说明，"没有做不到，只有想不到"。在突破性创新方面，如果连想都不敢想，那么成为现实就根本不可能了。

2. 公司的新产品创意绝大部分来源于董事长

很多企业在创业初期都是靠创业者的一两个好点子发展起来的。随着公司规模的扩大，公司的新产品创意还是来源于公司的一两个最高领导。

有家做数码印花机械的高科技企业的总经理明确地对员工说："你们不要跟我谈什么创新，你们把我想出来的创意做好就不错了。"还有一家做智能手机的企业，年营业收入达到100亿元以上，主要的新产品创意还是来自董事长一人。这家公司的市场总监满脸无奈地说："我们虽然有十几个人在做产品规划，但是我们公司真正的产品经理只有一个，就是我们的董事长。"

一些企业新产品开发流程图的第一步就是董事长提出创意。也就是说，如果董事长不能提出创意，企业就没有新的产品开发项目。这种创意来源过于依赖一两个人的企业，一方面会抑制员工们的创新激情，另一方面很可能出现"成也董事长，败也董事长"的局面。企业发展到一定规模，董事长很可能成为企业发展的瓶颈。

3. 过于强调新产品项目的上市速度

有些企业认为新产品的竞争就是速度的竞争，新产品上市的速度越快越好。这种现象在手机、电子词典等消费类电子行业比较普遍。过于强调新产品上市速度，一方面，会导致项目执行质量下降，结果新产品上市很快，但由于质量问题不断，新产品退市速度也很快。牺牲质量的速度不但不可取，而且是对公司宝贵创新资源的巨大浪费！另一方面，迫于上市速度的压力，企业决策者会倾向于选择那些开发周期短、风险低的项目。这些项目容易做，而且能很快做好。但是这些项目往往是非常平庸的项目，是大多数竞争者都在做、都能做好的项目。常言道："慢工出细活。"没有较长的周期，没有较大的投入，是不可能做出"一鸣惊人"的创新产品来的。

4. 创新团队忙于"救火"的项目

一些企业的新产品开发团队非常忙，但主要忙于响应客户或销售人员的紧急需求。创新团队成员的绝大部分时间和精力都用于应付源源不断的"救火"项目，重要而又不紧急的创新项目总是被迫一再延期。最终，三五年过去了，企业可能忽然发现没有合适的产品可卖了。

5. 新产品项目评审准则错误

有些企业员工一提出一个新产品创意，公司董事长或高管马上就问："能赚钱吗？能赚多少钱？"在创意筛选阶段，有些企业过于看重财务回报指标，因而倾向于选择投入少、风险低的项目。因为这些项目一眼看去显得更好，开发成本更低，确定性更高。但是创新性越高的项目，在前期越看不太清楚，因此很难算出明确的投资回报。由于企业采用与传统项目一样的筛选决策准则，导致很多创新性强的项目过早地被扼杀。

> 某大型电信设备制造企业，有100多人的团队负责与现有产品线不同的新产品线业务的孵化，但是创新团队提出来的项目报到上级领导那儿，要么由于风险太高迟迟没有下文，要么被认为没有前景，很快被"枪毙"。新产品创意筛选和立项成了阻碍该公司持续创新的"拦路虎"。

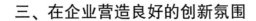

三、在企业营造良好的创新氛围

有什么样的创新环境就会有什么样的创新成果。如果一个公司从上到下的氛围都是"鼓励创新，宽容失败"，那么很可能会有源源不断的新产品创意涌现；如果公司的文化是跟随、模仿甚至抄袭，则很难有真正的创新产品面世。要激发突破性的新产品创意，企业首先要在企业内外营造良好的创新氛围。

企业可以从以下几个方面考虑如何营造良好的创新氛围：

1. 领导者重视创新，鼓励创新，支持创新，带头创新

营造良好的创新氛围是企业领导者的重要职责。营造良好的创新氛围最有效的方法就是企业领导者身先士卒，率先垂范。员工不但会看你如何说，更会留意你如何做。如果只是口头上说重视创新、鼓励创新、支持创新，而不落实到自己的行动上的话，其效果还不如不说。真正重视创新的领导者通常会有以下行动：

（1）带头参加公司组织的创新会议，并且自始至终参加。

（2）不在创新会议上对任何人提出的任何创意提出批评。

（3）带头走出办公室，走向市场，每月有固定的几天时间拜访客户。

（4）坚持基于对客户需求的理解进行新产品设计和开发。

（5）认真倾听客户的反馈、投诉甚至谩骂，并且真诚地对客户表示感谢。

（6）为创新提供必要的资源。

（7）宽容失败，不惩罚失败。

2. 有专人负责创意搜集、管理和反馈

对员工和外部创新者提交的新产品创意，要有专人负责搜集和管理。不要将新产品创意与合理化建议等混为一谈。

3. 对任何创意提交者均及时反馈，表示感谢

对任何人提交的创意，都应该在一周内予以明确回复，并对创意提交者表示感谢。如果不能对提出的创意进行有效的反馈，员工将很快丧失提交创意的热情。

4. 对被采纳的创意给予适当的奖励

对通过评估进入概念开发阶段的创意给予小额的物质奖励，如有些公司给予 50 元左右的物质奖励。但非物质奖励更重要，企业可以对创意提交者予以表扬、认可或颁发

荣誉证书。

5. 给员工适当的弹性工作时间

不要期望员工在加班时间或在周末想出很多突破性的创意。对于与新产品开发直接相关的市场和技术等人员，可以给予他们一些弹性的工作时间用于激发新产品创意。例如，3M公司规定研发人员可以有15%的时间用于做自己想做的事，做这些事情是不需要经过上司批准的。谷歌公司也明确规定员工每周可以有一天时间自由安排，用于研究自己感兴趣的领域。

6. 为创意提供适当的资源

为未经正式批准立项的项目提供必要的试验设备、场地或小额经费。对于攻关项目，可以将整个团队安排到公司以外的某个度假村或酒店封闭几个月，进行封闭开发，使之与日常工作隔绝，减少日常工作的干扰。

7. 宽容失败

失败是成功之母！或者说，没有失败就没有成功。确保不失败的唯一做法就是什么都不做！即使项目失败了，也应该进行认真总结，并庆贺学到的一切，而不要避之唯恐不及。我们从失败的项目中所学习到的要远远多于从成功的项目中所学到的。企业要认识到，"正确地'枪毙'一个项目，也是一种成功"。如果对创新失败的项目大肆批评，甚至惩罚，很可能团队里就再没有人愿意参加高风险、高创新性的项目了。

8. 鼓励外部创意

内部员工只是突破性创意来源的一部分。客户、合作伙伴、供应商乃至竞争对手都是可能的创意来源。企业可以通过网站等方式建立与外部创意提交者的直接联系。宝洁公司采用"联系+发展"的开放式创新模式，每年有超过50%的新产品创意来自公司外部。

9. 鼓励团队提交创意

任何突破性的创新靠个人的力量是非常难以实现的，创新型企业应鼓励以团队方式提交新产品创意。研发部门内部的人员可以组成团队提交新产品创意，市场、销售人员与研发人员也可以组成团队提交新产品创意。而且在创意提交的初期，这些团队都是非正式的。企业应该打破"部门墙"，鼓励不同职能部门、不同地域、不同国别员工之间的交流和互动，以提高创造性。

10. 对取得经济价值的创意进行宣传和表彰

企业可以通过设立荣誉墙、出版内部刊物等方式对取得经济价值的创意进行宣传和表彰，鼓励全体员工向获奖者学习。要奖励和表彰创新绩效突出的个人，也要奖励和表彰整个创新团队，并以团队奖励为主。

四、好的产品创意是这样产生的

战略分析和决策为新产品创意的产生指明了方向，确定了范围。企业需要在公司确定的战略区域内采取多种有效的方法激发更多突破性的新产品创意，为企业的新产品开发提供源源不断的高价值创意。下面介绍几个主要的突破性新产品创意激发方法，供创新型企业选用：

1. 通过预测未来激发创意

战略性的创意激发要求公司的领导团队对未来有正确的愿景和看法。创新型企业的领导团队应该有能力通过整合现有资源，结合对未来趋势的判断，比较准确地预测未来的情境。如果预测成功，企业将比其他竞争对手更早地洞察未来市场对新产品和新服务的需求。

预测未来的行业、市场或世界的状态很不容易。很多大公司由于错误地估计了未来的发展趋势而错失了很多很好的发展机会。例如，国际商业机器公司（简称 IBM）在 20 世纪80 年代不看好个人电脑市场的发展，放弃了与英特尔、微软公司的紧密合作，结果培育了惠普和戴尔等强劲的竞争对手。

虽然没有准确地预测未来的灵丹妙药，但是还是有方法帮助创新型企业的领导者更好地预测未来。预测未来的主要方法有三种：洞察外部环境，识别破坏性技术，以及描绘未来情境。

大家可以畅想一下机器换人、人工智能（AI）给我们带来的可能的变化。10 年以后哪些类型的生产工人将会被机器取代？哪些脑力工作者将会被机器取代（如专业翻译）？汽车自动驾驶是否会成为现实？这会给我们带来哪些变化？面对这些可能的未来，哪些行业会被颠覆？有哪些创新的机会？例如，有些快递公司已经在尝试采用无人机投递包裹，有些银行已经在尝试使用机器人作为大堂经理回答顾客的日常问题，有些商家已经开发出陪伴小孩玩耍的机器人。

2. 通过客户需求研究激发创意

客户是创新之母！

通过各种方式产生的新产品创意最终都要通过客户需求研究来验证和完善。因为只有最终被客户接受的创意才是真正有价值的创意，突破性创意的产生更是深入洞察客户需求的结果。但是很多公司不知道如何进行客户需求研究，在客户需求研究方面投入的资源也很少。还有一些公司认为自己做了客户需求研究工作，因为他们听取了很多销售人员、促销人员及市场专员反馈的"客户需求"。这些都是公司难以产生突破性创意的重要原因。

客户需求研究的主要目的不是了解客户已经明确说出来的需求，而是要深入洞察客户未得到满足的、未说出来的，甚至客户自己也未想到的隐性需求。正是这些隐性的需求中蕴含着产生突破性创意的巨大机会。可以说，企业能否产生突破性创意根本上取决于其对客户隐性需求的洞察能力。企业需要掌握多种有效的客户需求研究方法，洞察客户的隐性需求，激发出突破性的新产品创意。

某医疗器械制造商在全国各地组织了十多个市场调查小组，深入各类医院病房，实地观察医生、护士、病人和病人家属操作和使用多参数监护仪的情况，得出了300多条有价值的需求信息。这些需求信息与采购招标书上的需求信息完全不一样。基于这些需求信息，该企业提炼出了多个与现有竞争产品差异很大的新产品创意。

3. 通过开放式创新激发创意

任何一家公司都不可能聘请全世界所有最好的人才为其工作，但是这些公司外部的人才却很可能有很多公司所需要的创意。怎么办？最好的办法就是采取开放式创新模式，充分利用各种外部资源激发突破性的新产品创意。

很多公司的内部研发团队已经不再是公司创新的引擎，他们正在错失一个又一个创新机会。开放式创新的主要目的是帮助企业充分利用各种外部创新资源，为开发团队提供创意、概念及技术等。

外部创意来源主要有合作开发的伙伴、供应商、客户、社会公众、科技人员、合作研究机构、政府实验室、大学、竞争对手、专利代理机构、风险投资机构、小的创业型企业、品牌合作机构、渠道合作机构、贸易展览会、贸易出版物等。

4. 通过公司员工激发创意

很多公司忙于通过客户及各种外部途径寻找新产品创意，却忽略了公司最宝贵的财富——员工，员工很少能为公司带来有价值的创意。

2009年，我们协助深圳一家知名的陶瓷产品制造企业激发突破性新产品创意。该企业管理层希望在第二代产品畅销的基础上，开发出全新的第三代产品，以全面冲击国际市场和国内市场，争取早日实现"争创世界第一"的梦想。我们采取客户理想设计（CID）方法与头脑风暴方法相结合的方式帮助该企业激发突破性创意。该公司董事长亲自在全员大会上进行动员，阐述突破性新产品对公司发展的重要性。在创新顾问团队的指导下，该公司开展了为期三个月的"全员创新大赛"活动。创新大赛的主题是"我最想要的陶瓷产品是……"。我们将该公司1000多名员工以班组和部门为单位，分成70个创意激发小组。创新顾问团队对各个创意激发小组轮番进行了创意激发方法的培训，并在创意激发过程中给予适时指导。结果，70个创意激发小组共提交了200件图文并茂的作品。公司创意评审委员会经过认真评审，选择了20件作品进入概念开发阶段。其中获得综合评分第一名的作品是由一个生产一线的班组提交的。由全员集思广益提交的设计作品形式多样、内容丰富、不拘一格，大大开阔了公司管理团队和设计师团队的眼界。公司设计师团队将所有创意纳入创意库，并通过对多个作品的结合和改进，构思出了更多、更好的新产品概念。

5. 通过基础技术研究激发创意

在商业史上，确实有很多突破性的技术通过商业应用改变了世界。例如，化学实验室发明的新合成材料和聚合物，如尼龙、合成纤维、塑料等，改变了世界，并且催生了杜邦公司等伟大的化工企业。贝尔实验室发明的激光技术，催生了激光切割设备、医疗器械、光碟等多代新产品。

如果你的公司正在进行一些基础研究工作，这些研究机构应该成为新产品创意的一个重要来源。从这些研究机构开发的技术孵化出的新产品，很有可能会改变一个行业的竞争格局。国内一些规模较大的企业都成立了研究院，但是从投入产出的角度看运作的效果不是太好。

五、产品创意必须有效管理

管理学大师德鲁克说，创新不是灵机一闪的结果，创新意味着守纪律的、艰苦的劳动。要持续地推出创新性产品，企业必须要有一个正式的、结构化的、有效的产品创意管理系统。不要指望新产品创意会自动自发地浮现，更不要指望新产品创意会自动自发地变为成功的创新产品！创意必须管理，而且必须有效管理！

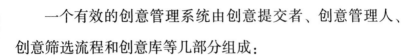
一个有效的创意管理系统由创意提交者、创意管理人、创意筛选流程和创意库等几部分组成：

1. 任命创意管理人

在很多公司，创意产生是每个人的工作，但是没有任何一个人对创意管理负责，没有指定专人或专门的创意小组负责激发创意，没有人将一个好的创意付诸行动。建立创意管理系统的首要工作就是任命创意管理人或创意管理小组。创意管理人或创意管理小组的主要职责如下所述：

（1）激发新的创意。

（2）从公司内外搜集创意。

（3）组织进行完善和优化创意，推动创意进入决策评审点。

（4）组织创意的生杀决策。

（5）如果创意获得通过，推动创意进入概念开发阶段。

每条产品线的产品线经理都应该成为该产品线创意管理的当然负责人。

2. 明确主要的创意来源

创意管理者要做的第一步工作就是梳理公司的新产品创意的主要来源，对此可结合以下问题进行思考：

（1）我们企业的新产品创意来源主要有哪些？我们的新产品创意主要来自研发人员还是销售人员？

（2）这些创意来源提交的创意的质量如何？

（3）从这些创意来源我们可以获得足够多的创意吗？

（4）我们是否正在错失一些重要的新产品创意来源？

创意的来源很大程度上决定了创意的质量。如果单纯依靠企业内部人员的"近亲繁殖"，是很难开发出成功的新产品的，更谈不上开发出突破性的新产品。这也是依靠内部研发人员"闭门造车"很难造出"好车"的根本原因！

有一家生产电脑外部设备鼠标、键盘、电源、机箱和音箱等的公司，主要以竞争对手推出的新产品及互联网上的公开信息新产品创意来源。该公司的办公室远离市区，产品经理几个月也不"进城"一次，更谈不上与客户进行面对面的沟通。该公司董事长在年终总结会上说，我们公司创新的主要成果就是一大堆卖不出去的库存品和一大堆还没来得及使用的电子材料。

3. 建立创意筛选流程

接下来，创意管理者需要组织制订一个有效的创意筛选流程。要制订不同于传统项目的创意筛选准则来进行新产品

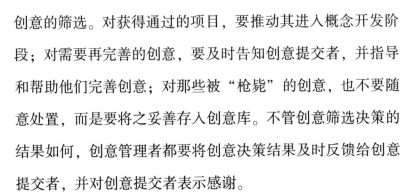

创意的筛选。对获得通过的项目，要推动其进入概念开发阶段；对需要再完善的创意，要及时告知创意提交者，并指导和帮助他们完善创意；对那些被"枪毙"的创意，也不要随意处置，而是要将之妥善存入创意库。不管创意筛选决策的结果如何，创意管理者都要将创意决策结果及时反馈给创意提交者，并对创意提交者表示感谢。

4. 设立创意库

公司要设立一个基于网络的变互式创意库，对于被搁置的创意及被"枪毙"的创意要全部存入创意库。说不定这些创意哪天就会"死而复生"，或者与其他创意一起组合成一个新的创意。创意库要定期检查和更新，方便公司内其他员工使用。

六、新产品创意评审要把握好度

在新产品创意评审方面，企业往往有两种比较极端的做法：一种是评审失控，很多没有价值的项目进入了开发阶段；另一种是只做一次决策，创意评审通过后就再也没有进行严格的生杀决策，直至上市。新产品创意评审决策的关键是要把握好度：既要让有前景的突破性创意获得"战斗"的机会，也要尽可能减少没有前景的创意进入开发管道的机会。有效做法如下所述：

（1）采用基于最佳实践总结的项目决策评审方法对新产品创意进行评审。

（2）对新产品创意进行多次评审。

首先，企业要采取有效的评审准则对新产品创意进行科学的决策评审。其次，为降低决策风险，要在概念开发阶段和立项分析阶段继续对新产品创意进行越来越严格的评审。

产品创意评审是新产品开发流程中的第一个决策评审点，应该是一个"温柔"的决策评审点。如果在创意评审点对新产品创意进行过于严格的决策评审，很可能会过早"枪毙"掉那些极具市场前景的突破性创意项目，选择那些小的、低价值和低风险的"平庸的项目"。

以下我们介绍一种简便、实用的新产品创意筛选决策评审方法，企业可根据实际情况进行适当优化后选择采用。该方法主要通过回答三个基本问题对新产品创意进行决策评审。

表2-1　新产品创意筛选决策评审用表

决策评审准则	评分
（1）该项目真实吗？ 有市场需求吗？ 技术可行吗？	

决策评审准则	评分
（2）该项目值得做吗？ 该项目对公司的价值有多大（销售额和利润）？ 做该项目的成本有多高？	
（3）我们能赢吗？ 我们在这方面有竞争优势吗？ 我们有做该项目所需的资源和能力吗？（或者这些资源和能力能够从外部获取吗？） 竞争有多激烈——竞争对手会防御吗？它们防得住吗？	

企业可结合对这三个方面做更具体的思考，以 0~10 分为每个新产品创意打分。例如，如果有一项评审得分低于六分，则该项目将被枪毙，如果不考虑三个方面的权重，该项目的合计得分低于 18 分，则该项目也将被"枪毙"。在对新产品创意进行筛选时评分相对比较宽松，在概念评审和立项评审时则更为严格。

第二节 概念是水企业是船，水能载舟亦能覆舟

提到"概念"这个词，您会想到什么？估计有 80% 以上的人脑海中会立刻蹦出"炒概念""玩概念""搞概念"等负面关键字。

是的，自从"概念"这个词语被引入营销学领域以后，好像确实一直伴随着坏名声，甚至会引起许多人的反感。在大多数人看来，"概念"就是一些虚头巴脑的东西，无影无踪，难以捉摸。不过，不知道从什么时候起，"概念"一词突然又冒了出来：什么健康概念、环保概念、非转基因概念、纳米概念、数字概念、网络概念……一大堆的新"概念"前仆后继、粉墨登场，上演了一场"概念大戏"，热闹无比。

这些"概念"确实成就了一批企业，但同时也毁灭了一批企业，要知道概念并不是用来"炒"的，因为真正的"厨师"并不多，普通人很难把握火候；概念也不是用来"玩"的，因为真正的"玩家"也不多，普通人很难玩出什么名堂；概念更不是用来"搞"的，因为真正的"高手"也不多，"搞手"也搞不出什么好东西！

一、从生活中认识"概念"

您可能还是对"概念"没有什么概念，现在我们不妨通过几个生活中的例子来说明：

就拿我们日常食用的大米来说，糙米是没经过精加工的大米，照道理来讲它应该比精米便宜。但

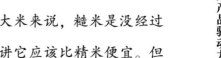

第二章 关注产品概念，打造产品驱动力

事实正好相反，市场上销售的糙米，起码都要比精米贵上两三倍。随着人们越来越了解糙米的成分，认识到了糙米的保健功能，大家热衷于吃糙米就一点儿也不奇怪了。这里的"糙米"其实就是一种产品概念。

谷粒谷力是一种麦片浓浆，为谷物饮料。这个产品是把"健康概念"具体化，具体到了每天需要的主食，而不是那些可有可无、无关紧要的健康食品。

还有，市场上的即食麦片良莠不齐，在吃法上也是大同小异：都是需要一个容器，用热水冲泡。如果是散装的麦片就更加麻烦，仅用开水冲泡是不行的，还需要经过煮熟才能吃。而且在吃完以后，还要及时洗刷容器，不然就很容易干硬粘在容器上。在夏天的时候，因为天气炎热，所以很多人只能放弃。于是麦片成了一种季节性很强的健康食品。

就在这种情况下，谷粒谷力麦片浓浆横空出世，一举解决了热饮麦片的这个难题，消费者无需用热水冲泡，也不用洗刷容器，就可以随时随地品尝麦片浓浆的美味，而且还不用担心出现冲调不均匀，三口稀、两口稠的现象。

这款产品既可以作为一种健康饮料，也可以当成一种可以充饥的食品。更重要的是，它适用于一年四季，特别适合夏天。

产品概念：最方便的麦片，随身携带的麦片饮料，没有夏季烦恼的麦片，解渴又充饥的麦片，双免麦片（免除热水冲泡，免除容器洗刷的即食麦片）。

再如做纯净水的广告，首先应弄清楚纯净水的产品概念是什么。纯净水是在饮用水大概念下的独立概念。饮用水的大的共性概念应该是能够解渴，而纯净水应该是饮用水中一种最洁净的、用来解渴的水。这种水给人的直接利益除解渴之外，还有因为洁净可以让人放心饮用，不会给人带来不必要的细菌侵入的麻烦。因此，纯净水要突出的主体概念应该是无菌、洁净。

乐百氏纯净水的视频广告"二十七层过滤"，用广告文案和自上而下的水滴流向等非常简洁、直观的方法将纯净水的过滤过程表现了出来，把握了目标受众和目标消费者对纯净水的认知。而其广告语"乐百氏纯净水，二十七层净化"明确地满足了受众对产品的期待。

从以上的几个例子中可以看出，消费者并不是为创意而买单，他们购买的是概念。因此，千万不能为了创意而创意，以免创到最后让自己心烦"意"乱。可是，现在所谓的"创意大师"层出不穷，他们打着"创意"的旗号招摇过市，以救世主自居，妄想凭借一个所谓的"创意"让企业起死回生。这是种十分想当然的做法，如今早就不是仅靠创意制胜的年代了！

二、产品概念需从原始的动机出发

动机有正负，人类最原始的动机就是趋利和避害。我们把用于避害的产品称为"负向动机"，它的主要作用就是减少痛苦、减轻伤害和减少损失，例如各类药品、卫生用品等。而用于趋利的产品，我们称之为"正向动机"，它的主要功能就是增加快乐、增进健康和增加收入，例如，娱乐消费产品，娱乐用品，健康食品，健身保养产品，等等。

避害的动机往往先于趋利，这是动物与生俱来的本能，人类也是如此。比如，人类的主食首先是要满足充饥的需求，也就是避害，避免饥饿，避免身体由于饥饿而引起各种不良反应，如同避免身体受到外部伤害一样。其次是满足口感的需要，也就是趋利。人类和其他动物最接近的功能之一就是咀嚼，这也是可以产生快感的重要活动。最后才是营养，增进健康、延长寿命也是趋利。营养的概念，是随着人类科学技术的进步才逐渐被提出的，通过逐步了解不同食品中不同营养成分对人类生命体征的作用和价值，人们一直在研究同类替代产品，不断升级产品。最明显的一个变化就是，随着人们生活水平的提高，对主食的摄取量在逐步减少。

再比如，人们的副食首先要满足口感需要，也就是趋利。相对于主食来说，副食的口感更好，变化更多，可以用于佐餐，从而让进食变成一个愉悦和享受的过程，而非纯粹的饱腹。其次才是营养价值，也就是趋利，可以增进健康，延长寿命。例如，2008 年，我国发生了"毒牛奶事件"，在全社会引起强烈反响，从那以后，人们让婴儿喝牛奶的时候，考虑的首要因素就不再是牛奶的营养，而是牛奶是否有毒，也就是避害。

产品概念必须从原始的动机出发。在我们看来，产品概念分为两种：一种是物质层面的，体现实用功能，称为实用概念；另一种是精神层面的，体现虚拟功能，称为虚拟概念。在通常情况下，实用功能要优先于虚拟功能。

就拿服装来讲，它的一个主要功能是遮羞，然后才是防尘、防晒、防碰擦、御寒、舒适等物质层面的需求和实用功能。再然后才是美观、身份等级区分、个性、炫耀等精神层面的需求和虚拟功能。

不过，产品概念的虚实本身并没有谁是谁非。大多数产品都采用的是实用概念。谷歌浏览器没有华丽的主页，它全部的功能就只有一个简简单单的搜索方框。不管你想搜索什么内容，它都可以在 0.18 秒的时间之内就搜索到目标。高露洁全效牙膏强调的是"全效"，佳洁士防蛀牙膏强调的则是"防蛀"。海飞丝洗发水强调"去屑"，潘婷洗发水则强调"营养"。另外还有些其他产品采用了虚拟的概念。丽珠得乐作为一个胃药，本来应该和其他大多数的胃药一样，强调它采用的高科技以及治疗胃病的疗效，然而它却另辟蹊径——"其实男人更需要关怀"。汽车品牌凯迪拉克强调的是面子——"出人头地的代价"。

有些产品概念"面实内虚"。它们让您有一种很实在的感觉，表面上看起来它正好就是您需要的东西。但它其实不具备这个功能，或者是作用并不大。然而企业却擅长抓住人们的消费心理，虚拟出来一个产品概念，不过您在心理上确实会因此得到安慰。

市场上有很多矿泉水、天然水、纯净水等饮用水品牌，引起一些人的思考。纯净水，到底有多纯？有多净？难道天然水源就不需要净化吗？或是可以减少净化的次数吗？

纯净水，来自天然水源，这并不是一个独占概念。水源其实都是天然水，自来水也来自天然水，是天上的雨水或者是地下水。普通的天然水不能直接饮用，必须要经过自来水厂的工艺处理。唯一的差别只在于污染程度的不同而已，五十步笑百步。

究竟是天然水人工造，还是人工造天然水……您能分得清谁好谁坏，谁是谁非吗？当您听到"27层净化""纯净水"等说法时，可能也仅仅会在心理上得到一丝的安慰而已。

天然人工水，人工天然水……这些只不过是表面实用的虚拟概念。

王老吉在刚刚上市的时候，没有把产品概念搞对，他们提出的理念是"健康家庭，永远相伴"。

健康，是一个大概念。王老吉或许确实可以对健康有那么一丁点的贡献，但实在微不足道。给这么一个功能小小的饮料，戴上一顶概念这么大的帽子，通过健康快乐的消费概念根本就无法释放出来其功能价值。有人会相信几块钱一罐的王老吉，可以给自己的家庭带来健康和快乐吗？既然消费者不买账，因此早期的王老吉，销量自然也不理想。

然而，自从王老吉改变了产品理念，提出"怕上火，喝王老吉"之后，情况马上就不一样了。王老吉仅仅用了5年的时间，在中国的销量就已经超过了可口可乐。原因何在？高明之处就在于一个"怕"字，它好像把什么都说了——上火，您怕不怕？怕吗？那就喝我吧！

但实际上又什么都没有说，因为它并没有给出绝对降火、防火的承诺。

但凡喝过酒的人都知道，喝了酒以后睡一觉，第二天自然都会舒服一点。海王金樽——"第二天舒服一点"。这句广告语听上去，好像什么都说了，其实还是等于什么都没说。

三、获得产品概念的方法

现在，您应该对"产品概念"大概有一点概念了。说白了，产品概念就是把产品创意变成消费者需要而且容易理解的产品。

也许有人觉得这个事情并没有那么难，无非就是顺着消费者的需求去做就可以了。的确如此，可是只要您试试就知道，从产品创意到产品概念，有的时候可能会很快就完成，而有的时候一辈子也无法完成。

无论什么事情都有规律，产品概念也不例外。我们要通过什么样方法才能获得产品概念呢？

1. 有效的新产品概念开发方法

产品概念开发阶段的关键工作是完善和优化新产品创意。只有在新产品创意更为明确和清晰的情况下，才有可能进行比较有效的市场、技术、商务和财务等评估。但是新产品概念开发阶段经常出现以下问题：

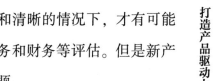

（1）没有经过思考、讨论和评价就草率地"枪毙"新创意。

（2）虽然举行概念优化会议，但是花费了很多时间没有得到预期效果。

（3）新颖的创意通过一系列筛选、分析、定义后变成了新形式的"旧创意"，据此开发出来的产品与原有产品大同小异。

这里介绍一个简便有效的新产品概念开发方法——SWIFT方法，以解决以上常见问题。SWIFT方法通过五个步骤完善和优化产品概念，如图2-1所示。

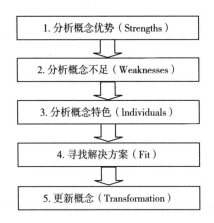

图 2-1　利用 SWIFT 方法完善和优化产品概念

SWIFT 方法一个人可以应用，一个团队也可以应用。可以由公司内部的人员进行，也可以邀请一些合作伙伴或潜在客户一起参与讨论，如果创意提交者认为自己提出的创意是突破性的，最好邀请公司的高层管理者一起参加SWIFT会议，以争取高层管理者的认可和支持。SWIFT方法采用聚焦的头脑风暴方法，通过提出和回答一系列结构化的问题来完善和优化创意，也可以用于新产品创意筛选。

SWIFT方法不仅是一个很好的完善和优化创意的方法，也是一个快速、有效的创意筛选方法。

2010年12月，我们为深圳某知名集成房屋制造商提供研发与产品创新管理培训。该公司的研发负责人提到两年前公司开发和上市了一款厢房产品，开发团队认为这款产品品质不错，但就是卖得不好，销售部门甚至提出来以半价进行促销。我们采用SWIFT方法在现场对该款产品进行评价。开发团队成员能说出该款产品的很多优势，不足方面主要是成本和价格偏高。但是，开发团队在谈到该款产品的特色时非常勉强，很难说出该款产品与市场上的同类产品有何不同之处。由此，我们找到了该款产品不好卖的根本原因：产品没有特色，产品一上市就陷入了同质化竞争。而该产品又没有价格优势，因此销售量上不去也就不足为奇了。要是该产品的开发团队在概念开发阶段就采用 SWIFT 方法对该创意进行优化和评价，那开发出的新产品可能就会与现在需要降价促销的产品有很大的不同。

2. 概念开发阶段的主要工作

概念开发阶段的工作一般由创意提出者或公司指定的人员进行，通常利用非正式的团队进行工作。概念开发负责人根据概念开发任务的需要，在公司内外寻找合适的合作伙伴一起进行概念开发工作。

概念开发工作的指导思想是：花一点资金，搜集一些信息，这样就可以根据更准确的信息在概念评审点对项目进行重新评估。概念开发阶段投入的费用一般不超过一万元，投入的工作量一般不超过 10 人/天。概念开发阶段工作一般应该在一个月内完成。在一个月内，概念开发小组要在概念评审点汇报所得到的更详尽的信息，以便对新产品创意进行更具有确定性的筛选决策评审。

概念开发阶段的主要工作包括初步的市场评估、初步的技术评估、初步的商务评估以及初步的财务评估。

（1）进行初步的市场评估

初步的市场评估需要做的工作是进行快速的市场调研，其目的是确定推荐的项目是否具有商业前景。该阶段的任务是低成本、快速地（通常在一个月以内）获得尽可能多的市场信息，包括市场规模、成长性、细分市场、客户需求和兴趣以及竞争状况等。

初步的市场评估工作要回答以下主要问题：

※该市场的吸引力大吗？该市场的潜力如何？

※基于该概念开发出的新产品能为大多数潜在客户所接受吗？

※预计该产品上市后，市场竞争激烈程度如何？

※该产品看起来是什么样的？能否描述得比较清楚？

（2）进行初步的技术评估

可以将建议的项目提交给公司的技术人员——研究开发、工程和运营等方面的人员进行评估。

通过初步的技术评估，简要回答以下问题：

※产品需求或规格基本上会是什么样子的？（注意产品定义在这种早期阶段可能还是比较模糊和不确定的。）

※从技术方面看如何才能实现这些需求？有可预见的技

术解决方案吗？或者需要新的发明或采用新技术吗？

　　※该项目在技术上可行的概率有多大？将会花费多大的成本和多长的时间？

　　※公司是否具备独自开发该产品的技术能力？或者在某些开发活动中公司是否需要合作伙伴或外部供应商？对于技术合作要进行审慎考虑。

　　※该产品可以生产或制造出来吗？如何制造？用什么样的设备、以多少成本去生产或制造？你是否考虑过外包或找一个合作伙伴？

　　※涉及什么样的知识产权和法规问题？法规和专利问题应在这种比较早的阶段被提出来并给予考虑。

　　※主要的技术风险是什么？我们将如何应对这些风险？

　　（3）进行初步的商务评估

　　初步的商务评估需要回答的主要问题如下所述：

　　※该项目与公司的战略一致吗？

　　※我们主要的竞争策略是什么？

　　※做好该项目我们需要具有哪些核心能力？我们是否需要采取外包或合作的方式？应该与哪些机构合作？

　　（4）进行初步的财务评估

　　初步的财务评估需要回答如下主要问题：

※期望的收入是多少？

※单位产品的成本有多高？

※开发和上市该产品需要投入多少资金？

※投资回收期有多长？

基于以上四个方面的分析，概念开发团队需要向概念评审团队提交概念分析表。在概念分析表中，除了要回答以上四个方面的主要评估问题外，还要提出明确的关于该概念的生杀决策建议。如果建议该概念进入立项分析阶段，概念开发团队需要制订立项分析阶段的工作计划，内容包括立项分析工作的时间期限、所需资金、人员及人/天，以及立项分析决策评审的建议日期等。

3. 评审新产品概念

通过筛选评审的新产品概念将进入立项分析阶段，公司将花费较长的周期、投入较多的资源对新产品概念进行客户需求研究、技术可行性分析及多方面的可行性分析。因此，概念评审应该比创意评审更为严格，以确保真正有前景的创意进入立项分析阶段。

概念评审一般由产品线经理负责，团队成员主要由市场、技术及财务等职能部门的负责人组成。

我们将介绍一个基于最佳实践的新产品概念筛选方法。

表2-2　基于最佳实践的新产品概念筛选用表

评审准则	评分
战略： ·与公司战略的一致性 ·项目的战略重要性	
产品的竞争优势： ·对用户而言具有独特的产品利益 ·与竞争对手的产品相比具有差异化优势 ·性价比高 ·更好地满足客户需求	
市场吸引力： ·竞争地位 ·市场的成长性 ·市场的规模	
能否利用公司的核心竞争力： ·制造、运营核心竞争力的利用 ·营销和分销核心竞争力的利用 ·技术核心竞争力的利用	
技术可行性： ·技术差距的大小 ·技术复杂性 ·技术的不确定性	
回报与风险： ·回报的大小——预测如果成功上市利润的大小 ·预测投入的大小 ·回报期——预测实现盈亏平衡的周期 ·收入、成本和利润估计的可信度	

企业可以依据每个项目的吸引力分数，对多个项目按得分高低进行排列，以确定进入立项分析阶段的优先顺序。

四、好名字可以促进一个品牌的成功

产品概念有了，那么接下来的一步就是给产品取个名字，引爆产品概念。记住这一点：一个好的名字可以让产品自己开口说话，放在柜台上就可以自动销售。

什么样的名字算是好名字呢？

• 它应该能够让人们联想到产品的利益：好记星，英语六龄通，美加净。

• 它应该能够让人们联想到产品的作用和特点等：白加黑，美加净。

• 它应该易读，易认，易记，越简短的名称效果越好：立白，飘柔。

• 它应该与众不同：脑白金，黄金搭档。

• 它不应该用在其他国家和地区有不良意思的词。例如Nova，对西班牙语国家的汽车销售来说就不是一个好名字，因为它的意思是"走不动"；白象，在英语国家表示一种大而无用的东西；黑人牙膏由原来的Darkie被改成了Darlie，

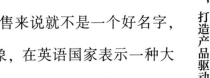

是因为它含有对黑人侮辱的意思。

产品命名的课题已经有许多的专家研究过。如果您用互联网搜一下"产品命名"，能出现大约862000项查询结果。然而，您不妨打开看看，有多少内容是具有实用价值的？通过这些方法真的可以获得一个好名字吗？甚至还有人使用八卦的方法，搞出一些莫名其妙的名字。他们故弄玄虚，把产品的命名方法搞得神秘莫测。产品命名真的有那么神吗？

您觉得玉兰油这个名字怎么样？玉兰，是不是有种北方农家小妹的感觉？有点土，又带着几分淳朴。一张红扑扑的脸蛋，梳着两条马尾辫还插着两朵小兰花，身上穿着的是传统服装……您能把它和大名鼎鼎的"宝洁"联系在一起吗？能联想到它的英文名是"OLAY"吗？不过，这些都无关紧要，只要有"宝洁"公司在后面为它提供背书就可以了。你也许会感觉旁氏这个名字很像古代已婚女子的姓氏？在我国古代，女人一旦出嫁了以后，都会冠以夫姓。如果丈夫姓李，那么他的妻子就是李氏，丈夫如果姓旁，那么他的妻子就是旁氏。那么，您能把"旁氏"与联合利华联系到一起吗？您看，大品牌就是如此，只要不犯原则性的错误，想怎么取名字就怎么取。

我们再来看看 Sony，这个单词在英文里并没有什么含义。当日本的第一台晶体管收音机诞生时，公司的经理认为它需要拥有一个更国际化的名字。在此以前，他们已经在录音机上使用了"Tape-co-der"的名字，在录音带上使用了"Soni（来自 Sonic）"的名字。公司经理考虑使用 Soni 这个名字，拉丁词根"son"的意思是"sound（声音）"，但在英语中这个单词会被误读成"so-nigh"，于是，他们把最后的字母"i"改成了"y"，变成了"Sonny"。可是日本人会将"Sonny"读成"son-ny"，在日语里的意思是"失去儿子"。最终他们决定将"Sonny"改成了"Sony"。1958 年，这个名字也成为公司的全称。您看，他们的命名过程就是如此简单，哪里需要用到那些故弄玄虚的命名方法？

盛田昭夫在自传《日本制造》一书里写道："不管在哪一门语言里，Sony 这个词都没有什么实际的意义。可是，在任何一门语言里，Sony 的发音都一样，这就是我们的名称所具备的优势。"由此可见，对于大公司而言，给产品取名相对比较简单，名字通常都是从日常工作和生活中得到，不需要任何规矩和所谓的方法，一切顺理成章。只要取的名字不会引起人们的反感，不犯原则性错误，就可以让世人皆知。

这样的例子不胜枚举。柯达（Kodak）公司的伊斯曼在提及他是如何创造出这个名字的时候说："我之所以选择这个名称，是因为我深知一件商品的冠名，应当精短、有力，至少不能让人误读、误拼，以免在一定程度上影响品牌形象。"还有可口可乐（Coca-Cola）、百事可乐（Pepsi-Cola）……几乎没有一个是按照大师的方法"命"出来的！

其实，那些"命名大师"告诉您的方法都不过是纸上谈兵罢了！即使您将那些方法倒背如流，完全掌握了，您也"命"不出好名字。因为一个好名字绝不是闭门造车、在生产线上造出来的，也绝不是按照专家的命名方法"命"出来的，更不是天马行空"创意"出来的，或者请风水大师"八卦"出来的。

朋友，请您仔细地回想一下，在日常的生活中，您能记得哪些产品的名称？

蒙牛？来自内蒙古大草原上的牛奶，哪里还会有比这更好的奶？

好记星？谁不想有个好记性来背诵单词？

全球通，通往全球的网络，谁与争锋？……

其实，好名字不可能唾手可得。您没法要求我们在某年某月某日的几点几分，想出一个好名字。也许您冥思苦想了一辈子，也想不出一个像"柯达""Sony"这样的名字。但也可能在偶然间，不费吹灰之力，您无意中就得到了类似"淘宝""蒙牛"这样的好名字。

取名没有万能的公式，而且永远都不可能有。如果有的话，那么您可以用，别人也可以用，全世界通用。那岂不就意味着任何人都可以轻松地获得一个好名字？照此推论，市场上的产品应该全部都是好名字。而事实却恰恰相反，市面上90%以上的品名我们都是过目即忘。

好名字应该先有产品概念，然后才可能产生。好的名字是引爆概念、引爆市场的导火线，本身就集中体现了营销的策略。那些所谓的命名大师根本不懂什么叫营销和品牌。从营销的角度来看，他们连什么是好名字都不明白，怎么可能通过八卦得出一个好名字？怎么可能创造出符合产品概念、体现营销策略的好名字？

通过长期的实践研究和总结归纳，我们认为一个好名字应该达到的最高境界是三个"一致"：产品概念和产品名称完全一致，品牌名称和产品名称完全一致，产品卖点和产品名称完全一致。换句话说，产品名称可以完全把产品概念、卖点和品牌名称表达出来，把传递给消费者的声音"削尖"，并完全"扎"进消费者的头脑里。

第二章 关注产品概念，打造产品驱动力

五、产品概念本身就已经包含了卖点

当神舟七号宇宙飞船飞向茫茫的太空，曾经辉煌的老一代火箭早已成为历史；当双核处理器走入寻常百姓家，曾经显赫一时的"奔腾"系列处理器早已作古……

随着科学技术的飞速发展，无论怎样先进的产品都有过时的一天；时尚生活瞬息万变，再流行的事物也会消逝不见。独特的销售主张（USP），卖点呢？

1. 产品都需要一个独特的卖点

有一些人总喜欢"以此类推"，他们认为 USP、卖点也逃脱不了像老一代火箭和奔腾处理器那样的命运。他们大肆鼓吹"USP 已经过时，卖点已死"，俨然以营销界的"时尚专家"自居。

如今，各式各样的营销理论满天飞、品牌理论满地跑，如果您还在"土里土气"地说 USP、找卖点，人们会觉得您已经跟不上时代步伐、水平落后了。大师们早已把卖点抛在身后，开始显摆所谓的品牌论和营销论了。更过分的是，有些人一边公开批判卖点，一边却在私底下搞所谓的"买点"，宣称"卖点是从产品角度出发的，买点是从顾客角度出发的"。谁说卖点不能从顾客的角度出发？其实，卖点的提炼除了从产品本身、顾客角度，还可以从竞争角度出发呢！

在网络上可以看到这样的说法：

"摩托罗拉的铱星卫星电话，不管你身处地球的哪一角，都能够让你实现真正的全球通话，但是铱星还没升起就陨落了。"

"可口可乐的新可乐，虽然口感比老可乐更好，可是新可乐不但没有取代老可乐，反而差点把可口可乐这块金字招牌给砸了。"

"软件巨头微软的维纳斯计划，可以让电视实现上网的功能，然而维纳斯却无法逃脱断臂的命运；微软的平板比笔记本使用起来更方便，可是消费者却一直没有接受平板。"

"雷诺兹推出的无烟香烟，能够减轻二手烟的危害，满足了人们追求健康的心理，但雷诺兹仍然摆脱不了失败的命运。"

"TCL曾经耗资上千万热炒的HiD信息家电，现在连影子都找不到了。"

"网游巨头盛大公司，曾经花费巨资推广可以通过遥控器上网的'盛大易宝'，没过多久也烟消云散了。"

最后，他还模仿营销大师的语气大声疾呼："原因在于，在以消费者为核心的新经济环境下，单纯以产品为出发点的卖点已经不再适用，说白了就是'卖点已死'！"

事实真是这样吗？

摩托罗拉的铱星卫星电话，可口可乐的新可乐，软件巨头微软的维纳斯计划，TCL的信息家电、盛大易宝……这些难道都是"因为卖点而死"？

如果是产品的本身出了问题，就算请来USP创始人罗瑟·瑞夫斯来提炼卖点，也是于事无补，巧妇难为无米之炊！

假如不是"怕上火"，王老吉在中国的销量可以超过可口可乐吗？

假如不是"白天吃白片，不瞌睡；夜晚吃黑片，睡得香"，白加黑能脱颖而出吗？

假如不是"头屑去无踪，秀发更出众"，海飞丝可以飞起来吗？

假如不是"补血持久"，血尔可以从红桃K的包围中突围而出吗？

消费者没那么多工夫聆听您滔滔不绝的长篇大论。您必须从一大堆沙子里淘出金子，把卖点简单明了地提炼出来。否则您没有任何机会，必将失去消费者的支持！

其实，大部分企业都需要一个独特的卖点。它不但可以迅速地打动消费者，迅速产生销售，更重要的是还能脱颖而出，成功进入经销商和零售商的视线，获得更多的机会，这难道不是一件双赢的事情吗？

2. 卖点就是"利益点"

在这里，我们需要回顾一下"卖点"的含义。USP（Unique Selling Proposition，独特的销售主张）理论最早是由美国达彼思广告公司的董事长罗瑟·瑞夫斯提出来的。他拥有20多年从事广告工作的经历，在实践中积累了丰富的经验。毫不夸张地说，USP 理论就是他毕生功力的体现。1961 年，他出版了《实效的广告》（*The Reality of Advertising*），在该书中，他系统地阐述了 USP 理论：

（1）每一个广告都必须向顾客提出一个主张（Proposition）。他指出，广告不能仅仅满足于一些文字表达，也不是对产品的吹嘘或橱窗广告，而应该有一个实在的利益点。一定要告诉广告的读者（当时主要是报纸广告）：购买这个产品，你将得到什么样特定的好处。

（2）这个主张必须是竞争对手不能或没有提出的。它必须有独特性，是品牌的专有特点或是在特定的广告领域中从来没有提出过的说辞。

（3）这个独特的主张必须可以打动成千上万的读者，换句话说，可以把顾客吸引到你的产品上来。

说明白一点，卖点就是"利益点"。

我们在这里讨论卖点和 USP，看似有点班门弄斧之嫌。因为在各大书城和浩如烟海的网络世界里，关于卖点或 USP 的书籍和文章比比皆是。但是仔细阅读之后您会发现，没有几篇文章可以真正告诉您：怎样才能得到一个可以让产品畅销的卖点。即便您照着那些所谓的路径和方法，按部就班、一步不落地去执行，也无济于事，因为那些东西太复杂了！

如今有太多所谓的专家总喜欢把原本简单的东西复杂化，将 USP 理论搞得高深莫测，甚至连创始人罗瑟·瑞夫斯都看得一头雾水，普通大众怎么可能领会？USP 理论真的有那么高深吗？

3. 成功的概念设计是产品营销的核心

如果您在营销界待过一段时间，就不难发现专家们有着不同的说法。有人喜欢说"寻找卖点"，因为产品本身就可能有卖点，只是不知道在哪里；有人喜欢说"创意卖点"，因为产品本身虽然有卖点，但却像白开水一样平平无奇；有人喜欢说"制造卖点"，因为产品本身根本没有卖点，只能自行创造；还有人喜欢说"提炼卖点"，因为产品卖点已经足够明显，只需要再经过一番提炼和升华。这些说法您更认可哪一种呢？如果产品已经被制造出来了，却连卖点还不知道在哪里，那生产是否太盲目？假如产品本身过于普通，毫无特点，怎么才能通过创意放大这个卖点？假如产品本身没有卖点，又要怎样才能炮制出一个连自己都说服不了的卖点？很显然，比较可靠的做法是"提炼卖点"。

罗瑟·瑞夫斯并没有把"提炼"的具体方法告诉我们，他只是归纳了卖点的要求。提炼卖点有捷径吗？真的像那些专家说的那样复杂吗？显然不是！脚踏实地，没有任何捷径。您只需要把之前说过的产品概念描述出来，然后在此基础上进行提炼就可以了，因为产品概念本身就已经包含了卖点。比如说"金利来，男人的世界"，这个卖的就是一个概念。市场上有种项链的项坠，要说是玛瑙宝石做的项链，估计没有太多女孩子要，因为很平常，最后起名为"情人的眼泪"，销路马上打开。为什么？因为年轻人失恋了，都想留个纪念。这个时候卖的也是一个概念。

欧洲人原本不习惯骑自行车，家家都有小轿车。在公共汽车上，也没有站着的人，全是坐着的，很舒服。但最近几年在德国、瑞典、荷兰这些国家，自行车开始供不应求。为什么？他们提出一个概念就是"生命在于运动，最好的运动方式是骑车"。有了新的理由、新的概念，自行车当然就销售起来。

购买概念、理由是在满足了温饱之后产生的，是一种非物质的满足。就好比有了可口可乐，又出来一个百事可乐。你说可口可乐好喝，别人就喝吗？你得说出一个非物质的理由来。于是百事可乐就提出一个口号："如果你老了，请喝可口可乐，如果你年轻，就喝百事可乐。"每个人都喜欢年轻，于是百事可乐给你一个概念——"新一代的可乐，新一代的选择。"

成功的概念设计是支持产品营销的核心基础。

概念设计要注意以下三点：

（1）概念必须独特，具有差异化特点，是其他企业没用过的。

（2）概念设计要有实际的创新基础。

中科精工纺保暖内衣的"暖卡"概念来自中国科学院的重大科研成果。有了科技的创新为保障，概念才能支持产品成为营销的核心基础。

（3）概念必须用消费者易于理解的方式去概括表达，即概念具有传播性和沟通性。

脑白金就是一个易于联想和传播的好名字，"大脑的核心是脑白金体，其分泌的脑白金掌管人体衰老"，诉求很容易让人明白。其实脑白金的主要成分是"松果体素"，如果史玉柱按其原名叫"年轻态的松果体素"，恐怕消费者都会糊涂。其实四川有个企业，曾先于史玉柱投巨资推出"××牌松果体素"，而没有把深奥的技术术语进行提炼和转化，最后没有成功。

卖点有很多种表达方式，既可以从消费者出发，也可以从竞争者、产品本身出发；既可以表达理性的利益，也可以表达情感利益；既可以表达核心利益，也可以表达非核心利益……只要符合罗瑟·瑞夫斯提出的那几点要求，就可以称之为"卖点"。

丽珠得乐的广告语——"其实，男人更需要关怀"，即基于情感上的利益需求。毫无疑问，这也是通过理性思考才得到的一个卖点：男人支撑起整个家庭，由于工作繁忙，经常没法按时吃饭，很容

易得胃病。一款普通的治疗胃病的药，摇身一变成为女人关心男人的物品，感动了无数中国男人和女人的心，引发了社会话题和关注，引起好感。

白加黑，强调"白天吃白片，不瞌睡；晚上吃黑片，睡得香"，这些并不是治疗感冒的核心利益，而是把产品的特殊形态和服用方法作为卖点，强调解决的是服用感冒药令人嗜睡的问题，一举从众多国际大牌的包围圈中突围而出，成为感冒药中的领头羊。

海飞丝，从产品角度出发，在人们并不十分关注头皮屑的时候，提出了卖点"去头屑"，通过"你不会有第二次机会给人留下第一个印象""我喜欢黑色，因为它能把我藏起来；我又不喜欢黑色，因为它一点头屑都藏不住"等等这些富含哲理的广告语去引导消费者，并感性地表达出来：头屑去无踪，秀发更出众！

七喜，直接针对竞争者，将自己定位成"非可乐"，立即引来了一众喜欢可乐人群的好奇心，情不自禁地想要去尝试。而那些原本就不喜欢喝可乐的人群就更高兴了，终于有了一种公开表明不是可乐的饮料，正中下怀。这样的产品和卖点，自然可以大卖特卖。

第三节 产品想达到一定高度，要有强有力的支撑

想要把楼建多高，地基就得打多牢。高 632 米的上海中心大厦是我国的第一高楼，它呈螺旋式上升，地基深达 86米，据说能抗 15 级台风。

产品也是一样。想要达到一定的高度，就要有足够的基础来支撑。可口可乐一百多年来都坚守着自己的配方，长期占据碳酸饮料排行榜世界第一的位置。同仁堂，一直严守"炮制虽繁必不敢省人工、品味虽贵必不敢减物力"的古训，用国家规定的最高标准监控质量，三百年来一直在中药行业名列前茅。

一、产品概念有支撑，目标顾客才买账

乐百氏凭什么可以称为最纯净的水？有根据吗？怎样才能让产品概念不会成为虚无缥缈的空中楼阁？怎么才能让目标顾客"购买"产品概念？

第二章 关注产品概念，打造产品驱动力

靠的是支撑点，强有力的支撑点！就好像写议论文一样，在提出论点以后，必须要找到充分的论据去对论点进行详细的论证。概念和创意有所不同。对于创意而言，可以天马行空、信马由缰，不会有人介意，可是任何一个概念的诞生，都必须要有充分的依据，只有这样目标顾客才会买账。

产品概念是怎样作用于目标顾客，或者说目标顾客是怎样认识产品概念的呢？我们可以结合心理学，得到图 2-2 所示的产品概念支撑框架：

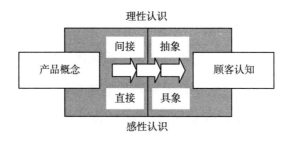

图 2-2　产品概念支撑框架

首先，我们要搞明白感性认识和理性认识的含义："感性认识是认识的低级阶段，是人在实践中通过感官对事物外部形态的直接的、具体的反映，它包括感觉、知觉、表象三种形式，其特点是直接性和具象性；理性认识是认识的高级阶段，是人通过思维对事物内部联系的间接的、概括的反映。它包括概念、判断、推理以及假说和理论等形式（我们总结成判断、推理、归纳），其特点是间接性和抽象性。"

1. 支撑框架的感性认识

当您逛超市的时候，当您在琳琅满目的货架上看到屈臣氏水的时候，第一眼就被它独特的包装所吸引，这是视觉。当您使用强生沐浴露洗澡时，您的皮肤感觉到一种柔滑舒爽的感觉，这是触觉。当您走过面包新语的时候，一股诱人的香味立刻会引起您的食欲，这是嗅觉。

以上这些都是感性认识中的感觉——感官受到刺激。您可以感觉到的东西，别人也同样能感觉到，只不过，每个人感觉到以后会有不同的感受，随之产生的反应自然也会大不相同。

对于包装比较奇特的屈臣氏水，有人不以为然，他们认为这样的包装过于花哨，水的品质不一定好；也有人觉得这样的包装很精致，尽管他们也认为水的品质可能很普通，然而他们的心情却是愉快的；而您可能觉得这样的包装有品位，水的品质可能也一样十分优秀……

对于强生沐浴露，有的人可能觉得过于滑腻，身上总是滑溜溜的洗不干净；有人觉得它的清洁去污能力比不上多芬沐浴露；而您可能会觉得就是它才让自己的皮肤如婴儿般柔滑。

在经过面包新语的时候，假如您正好肚子有点饿了，那就会觉得面包的香味实在是太诱人了；但是刚刚吃过饭的人，可能就没有那种感觉了。

人们在感官受到刺激后会产生一种心理活动，它们就是感性认识中所谓的知觉。就这样，您对屈臣氏水、强生沐浴露、面包新语都会产生第一印象。屈臣氏水：包装独特，品质优良。强生沐浴露：效果好，让您的皮肤如婴儿般柔滑。而面包新语的却只有一个字：香！

在今后相当长的一段时间里，您的记忆里一直会维持着这样的印象，虽然它并不一定是事实，可它就是感性认识中的表象——对感觉和知觉的记忆。

从感觉到知觉，从知觉到表象，这就是感性认识。

2. 支撑框架的理性认识

就拿屈臣氏水来说。我们在对屈臣氏水有了一个感性的认识以后，如果它给您留下的第一印象还不错，那么您就可能会想要去深入了解它。于是，您从货架上拿起一瓶屈臣氏水和相关的一些宣传资料——这些资料通常都是些抽象的数据和专业描述，不会像包装那样直观。在感性认识的基础上，您会对资料上的信息进行判断、推理、归纳，进而升级到理性认识。

对于屈臣氏水的品质，您又是怎样判断的呢？在商场里，各大纯净水的品质，我们普通的消费者根本没法看出来，只能通过阅读资料和品尝等方式来确定。

以下是屈臣氏水对自身品质的描述：

（1）多重净化处理过滤

蒸馏水除了进行高温蒸馏之外，还必须经过多重精密滤层净化过滤：首先为砂滤，接着是活性炭过滤，继而用微孔过滤，最后再以超精密的不锈钢过滤器完成过滤过程。在这个过程中，最微细的滤孔仅万分之一毫米，过滤能力远远超过了人体的肾脏，把任何微粒或杂质完全隔离。

（2）105摄氏度超高温杀菌消毒处理

每滴屈臣氏蒸馏水都经过了105摄氏度超高温蒸馏，这超越沸点的汽化过程务求让所有难以应付的细菌杂质，都能被一举歼灭。

这些资料用的文字很抽象，甚至把专业术语都用上了，普通的消费者通常也没有机会看到屈臣氏工厂里的真实状

第二章 关注产品概念，打造产品驱动力

况。您必须凭借您的经验，或者通过别的途径（如营业员介绍等）来判断这些资料的真实性。假如这些资料是真实的，那么经过推理分析，您将得出一条结论：屈臣氏水的品质确实与它的包装一样出色。

这样一来，您就完全搞清楚了"屈臣氏蒸馏水"的概念！当您接受了这个产品概念之后，您就会不再犹豫地立刻买单！

而且，您并没有就此止步，而是自己总结归纳出了"好水"的概念：只有经过了多重净化和超高温杀菌消毒处理的水，才算是好水。这一条也将成为您的购买经验，以后您会把它用于辨别水的真假、好坏。这就是理性认识。

顾客是通过感性认识和理性认识来认识产品概念的。美国康奈尔大学伯恩德·H. 施密特博士认为"顾客是理性和感性相结合的动物"。他在《体验式营销》中是这样写的：

对于体验营销者而言，顾客既是理性的又是感性的。换句话说，尽管顾客可能经常做出理性决策，然而他们也同样会经常受到感情驱使，因为消费体验通常是"倾向于追求梦幻、感觉和乐趣"。除此之外，把消费者视为动物也是十分有效的一种方法，这种动物不管是身体还是精神器官，都是经过自然选择慢慢进化，产生出感情、思想和感觉，从而解决他们祖先所面临的问题。……

这种观点对于今天的营销从业者而言意义重大：不要把顾客仅仅看成是理性消费者，他们希望得到乐趣、刺激，感受到感情上的触动以及接受有创意的挑战。

当产品概念和顾客的认知保持一致的时候，你就成功了。

二、设计感性支撑，用心营造一见钟情

在爱情上，一见钟情需要缘分；在产品上，一见钟情则考验的是功力。

您在人生中，是否曾遇到过一位一见钟情的人？如果有，对方到底是哪个方面让您一见钟情？这个问题您可能一时半会儿会回答不上来——是的，那是因为对方并没有刻意加强哪个方面，您只是单纯地觉得喜欢而已。可能对方也不知道自己哪个地方吸引您，或许一切只是缘分而已。

您是否曾经遇见过一见钟情的产品？如果有，它究竟是哪个方面让您一见钟情？也许您会说，它的造型十分独特，色彩十分迷人，第一眼看到它就发现它是自己想要的……那

是因为这都是产品规划者用心营造出来的。

1. 给顾客留下美好的第一印象

我们知道，所有人都很看重第一印象。

您在和女朋友第一次约会的时候，除了注重自己的形象之外，或许您还想给她一些惊喜，于是买了她最喜欢的礼物，同时为她献上一大束艳丽迷人的玫瑰。您甚至还会把见面时要说的话都提前想好，并在心里反复演练了无数遍……

第一次求职面试的时候，您很重视自己的形象：把自己的头发梳了一遍又一遍，直到没有丝毫紊乱；西装穿得笔挺，不允许有一点褶皱；领带打得端正，不允许有一点偏差……生怕哪个细节没有照顾到。

人们在和别人第一次见面的时候，总希望通过外表、语言、行为等，在对方心里留下美好的第一印象。假如女朋友对您的第一印象是"做作"，也许您就失去了与她第二次约会的机会了。假如面试官对您的第一印象是"华而不实"，那就相当于给您宣判"死刑"了。对于产品而言，同样如此。

如果产品给消费者带来的第一印象很差，那它将有可能永远没有机会。在超市的货架上，往往有一大堆的同类产品放在一起，让顾客无所适从。倘若不能像屈臣氏水一样脱颖而出，同时给顾客留下良好印象，您的产品将被永久埋没，直至消失。

怎样才能让您的产品给顾客留下美好的第一印象呢？这就需要为产品概念设计感性支撑点，也就是营销人常说的"包装"。

2. 给产品"找感觉"，顾客更容易被打动

朋友问你："嘿，你用了玉兰油的洗面乳感觉怎么样？"

您微微一笑，答道："嗯，感觉不错，挺好的！"

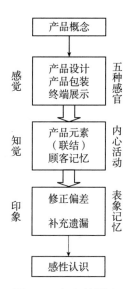

图2-3 如何让顾客形成感性认识

在这段对话中，问话和回答都用了"感觉"这两个字。在日常生活中，人们在评价某件物品或某个人的时候，用得最多的一个词可能就是"感觉"了。

不管是接触什么产品，顾客最开始、最直接的就是"感觉"，包括视觉、听觉、嗅觉、味觉、触觉等各种感官的刺激与反应，"感觉"可以为顾客带来丰富的信息和体验。当然，并非所有的产品都同时具备了这五种"感觉"刺激，例如家电家具之类的日用品就不提供味觉和嗅觉刺激，水果就不可能提供听觉刺激。应该根据不同的产品的特点，重点强

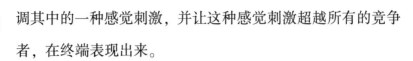

调其中的一种感觉刺激，并让这种感觉刺激超越所有的竞争者，在终端表现出来。

卖牛排的注重听觉刺激——煎牛排时的那种"嗞嗞——"声。有人说这属于塑造差异，也有人说这是在营造情境，还有人说这是在卖牛排的味道，我们认为这些说法都不完全对。其实，这些只是通过"听觉"来卖"味道"而已。听到这种"嗞嗞"声，您的眼前似乎已经浮现出这样一副景象：一大块牛排煎烤得滴油，正冒着腾腾热气，香气扑鼻，让人垂涎欲滴，食指大动。

卖西瓜的也强调听觉刺激。随便走到一个西瓜摊前，您都可以看到人们会把西瓜放到耳朵旁边，轻轻地敲打。生瓜的内部结构比较紧密，发出的是"啪啪"的声音，较为清脆而短促；熟瓜水分多，结构也比较紧密，发出的是"嘭嘭"的声音，较为厚实而悠长；而熟透了的瓜，内部松散，水分也少，发出的是"扑扑"的声音，较为低沉而沙哑。

卖茶的讲究嗅觉刺激。在开始品茶前，一定要先闻闻茶叶的香味，把嗅觉细胞充分调动起来，然后再抿上一小口，这样才能让味觉达到高潮。

应该从哪些方面入手来给产品"找感觉"呢？从产品的角度来看，主要包括产品设计、产品包装、终端展示这几个方面。产品设计包括原料、造型、结构等设计；产品包装主要是指可以给顾客的销售包装；终端展示则主要是指陈列位置、陈列方式、陈列时间等。

（1）产品设计

提起产品设计，笔者首先想到的就是苹果播放器（iPod）。每次看到苹果播放器（iPod）的时候，笔者都有一种想购买的冲动，因为它实在是太漂亮了！

我们先来看看苹果官方网站对于 iPod nano 的描述：阳极氧化铝正面、光亮的不锈钢背面、六种抢眼的颜色以及更大、更亮丽的显示屏（有史以来拥有最高分辨率的苹果显示屏），iPod nano 魅力十足，从里到外无不在冲击着你的视觉神经。

视频：能够欣赏长达 5 个小时的音乐电视、家庭电影和播客。

更亮丽的显示屏：采用 320×240 分辨率和更宽显示屏的 iPod nano，比起以前的画面亮度提升

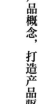

了 65%。

增强的界面：借助 Cover Flow，你可以像翻阅专辑封面一样轻松浏览你的音乐，以全新的方式查看 iPod nano 中的所有内容。

焕然一新的设计：iPod nano 拥有光亮的不锈钢、阳极氧化铝外壳，6.5 毫米的超薄机身，外观更漂亮。

如此一流的产品设计，让那个被咬了一口的苹果标志只能被委屈地藏在身后。正是这种别出心裁的产品设计，才让无数追求时尚的青年男女为之如痴如醉。

我们再来看看香奈儿 5 号。1921 年 5 月，当香水创作师恩尼斯·鲍将他发明的几款香水一起摆在香奈儿夫人面前时，她不假思索地选中了第五款，那正是后来誉满全球的香奈儿 5 号香水。一个用数字命名的香水品牌，为什么能够风靡全球？其中最重要的一点就是您所看到的包装设计。

香奈儿 5 号香水瓶有着和宝石一样切割形态的瓶盖，透明水晶的方形瓶身，线条利落，"CHANEL"和"N°5"的黑色字体呈现在白底之上。在其他以繁复华美为目标的香水瓶里，只有香奈儿 5 号香水像一个光秃秃的药瓶。"香水是女人整体装扮中画龙点睛的一个步骤。"香奈儿夫人说，"我的美学观点与众不同：别人唯恐不足地往上加，而我则喜欢一项项地去除。"独具匠心的香奈儿5号最终成为大批名媛佳丽的焦点。1959年，香奈儿5号香水瓶跻身于纽约现代艺术博物馆的展品行列，荣获"当代杰出艺术品"的称号。

再来闻闻它的香味，绝对可以让您达到嗅觉高潮。香奈儿5号香水作为全球第一支用乙醛花香调的香水，它的香味由法国南部小城格拉斯的五月玫瑰、茉莉花，乙醛等80种成分组合而成，清幽的繁花香气凸显女性的娇柔妩媚。先由依兰与橙花作序，然后是五月玫瑰和茉莉的完美混合，散发出匠心独具的花香气息。木香是迷人芳香的精粹，当中包括取自檀香木的宜人气味。所以它精致地诠释了经典永恒的女性柔美，烘托出与众不同的女人韵味。设计与香味，这就是香奈儿5号风靡世界的秘密所在。

当您每次走过"面包新语"面包屋的时候，可能都会忍不住停住脚步，因为从里面飘出来的香味实在是太诱人了！尤其是当您逛街逛得感觉肚子有点饿了的时候，更是难以抵御它的诱惑。里面各种面包的香味，大肆地挑逗您的嗅觉神经，您只能本能地咽几下口水。然后举目环顾，各式各样的面包造型也在视觉上挑起您的食欲。于是您毫不犹豫地掏钱买了您看中的一款面包，大快朵颐。

（2）产品包装

最先被顾客感觉到的东西显然就是产品包装。现在的顾客对产品的包装关注度越来越高，同时对于包装的期望也越来越高。《财富》杂志曾经出现过这样一段文字："不管是包裹着巧克力的葡萄干还是卫生卷纸，现在，有越来越多的产品都开始注重包装，似乎消费者对于包装的兴趣在逐步提高，逐渐已经超出了产品本身。"

有很多人喜欢收藏可口可乐罐。收藏这个到底有什么意思？您可别小瞧它，假如您有心收藏了一个1995年的可乐罐，这个小罐子现在价值在三百块钱左右。

（3）终端展示

是否只要包装特别就一定能抓住顾客的心？

您只要到大商场里面去逛一圈，也许就会发现，大多数的产品包装本身并没有太多特色，但它却可以吸引您的视线；还有一些产品包装其实很特别，但它们却很难引起您的注意，想过原因何在吗？这其实和终端展示的技巧有关。

怡宝矿泉水和金帝巧克力这两个产品的包装其实都很普通，可是他们打堆头、占据了最好的位置，于是就马上从一大堆的竞品中跳出来。尤其是金帝巧克力，还对堆头进行了一番装饰，高贵、浪漫、喜庆，完全体现了金帝巧克力的"含金量"，所以它更能抓住您的眼球。当然，如果包装和终端展示二者都能做到出色，顾客就会更容易被打动。

3. 赋予产品灵魂，打开顾客的记忆闸门

您肯定曾经有过"触景生情"的经历。比如，当您看见一些小朋友在无忧无虑地玩耍，会回忆起童年的快乐时光；当您看见一群学生背着书包走进校园，立刻引起了对自己校园生活的美好回忆；当您来到某个商场，依稀还能回想起以前在这里的一些愉快或不愉快的购物经历。

当我们的头脑里已经存在一些记忆的时候，一旦眼下的情形与记忆中的某些元素有联结点，我们的记忆闸门就会被打开。然后，我们就会把当前的现实与从前的记忆进行对照：假如以前的记忆是美好的，我们就会主观地认为眼前的现实也是美好的；否则就相反。

这就是把现实的感受与存在的记忆进行对照的知觉。

我们该如何通过产品来把顾客的记忆闸门打开？请给产品赋予灵魂，让产品能够拥有自己的个性。让每个产品都拥有自己的生命力，让它自己开口说话，和顾客进行有效的沟通。怎样才能让产品"活"起来呢？到目前为止，只有一个方法最有效，那就是让产品或产品的某个元素和顾客头脑里

已经存在的美好事物联结起来，这样打开记忆闸门的按钮就出现了。

这样的例子比比皆是，它们通过各种元素和人们的记忆联系在一起。例如：万宝路以一个西部牛仔的形象，满足了人们向往已久的牛仔情结——远离尘嚣和世俗，无拘无束，自由奔放；农夫山泉以一句"农夫山泉有点甜"，将人们带到了梦中的郊野山林；耐克（NIKE）则用"篮球之神"迈克尔·乔丹的形象，将篮球鞋与您为之痴迷的美国职业篮球联赛（NBA）联系起来……

4. 把整个产品描绘出来，强化顾客的美好印象

顾客通过感觉和知觉对产品产生了第一印象。此时的第一印象的好坏已根深蒂固，不易改变。假如产品已经给顾客留下了不错的印象，您还需要帮助顾客将这个美好的印象完整地描绘出来；如果顾客的认知有所偏差，那就帮他修正过来，顾客认知有所欠缺的地方，就替他补充完整，对顾客心目中的印象持续进行强化和巩固。

在终端，往往有几十个同一类产品都摆在同一个货架上。顾客留给每一个产品的注意力是等同的，都不超过 7 秒钟。在这么短的时间里，顾客不可能对每个产品都获得一个完整的印象。即使您的产品可以获得顾客更多的时间，顾客

也很难完全体会到产品规划者的意图。所以，很重要的一件事就是帮助顾客把对整个产品的印象描绘出来。

三、理性支撑表里如一，彻底征服顾客

如果产品可以让顾客一见钟情，是否就万事大吉了？别忘了，顾客在掏钱的一瞬间，永远是理性的。您必须有充分的理由，才能让顾客心甘情愿地完成这最后一击。

您是否有过这样的经历？当您在购物时，销售员经过一番口舌，已经打动了您的心。可就在您将要把钱包从口袋里掏出来的那一瞬间，您忽然停了下来，在心里默默地问自己："这东西真的像他说的那么好吗？真的值这么多钱吗？……"如果这最后的一丝理性告诉您"这东西可能没那么好，它并不值这么多钱，你完全没有必要现在就买……"，那么您很可能会将钱包放回去。当然了，也会有完全的冲动性消费，可是随着人们消费理念日益成熟，这种情况将会越来越少。

所以，要想让顾客掏钱并不是一件容易的事。不但要从感性认识（表面）上打动顾客，还要在理性认识（内在）上说服他们。不能只做表面功夫，而是必须表里如一。那么怎样才能做到表里如一，彻底地征服顾客呢？唯一的方法就是：在感性认识的基础上，根据顾客理性认识的过程来考虑。

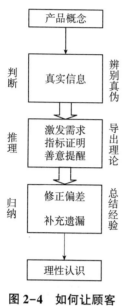

图 2-4　如何让顾客
形成理性认识

顾客的理性认识主要包含以下三个步骤：1. 判断，判断他所接收到的信息的真伪（辨别真伪）。2. 推理，如果这些信息是真的，那么就根据这些信息进行推理和分析，为这个产品下一个结论，然后再根据这个结论决定是否购买（导出结论）。3. 归纳，总结出这种产品的概念，并作为自己以后的经验（总结经验）。

1. 判断产品信息的真假

产品信息的真假，是一个老生常谈的话题。每年的"3·15"晚会轰轰烈烈，声势浩大，甚至还有一些打假专业户，以打假为生。虽然现在市场上的打假力度越来越大，可仍然有一些企业满不在乎，依旧顶风作案，以"假"为生，实在是难以理解。

纸终究是包不住火的！在每年的"3·15"这一天，都会有很多所谓的"名牌产品"遭到曝光。

2019 年，电子烟被许多人当成传统香烟替代品，然而央视 315 晚会曝光，长时间吸食电子烟同样会产生对尼古丁的依赖。科学实验证明，电子烟同样含有不少有害成分，危害一点不比香烟少。

2018 年，山东省枣庄市多家企业生产了大量山寨核桃露、核桃花生饮料、杏仁露等市面上流行的饮品，有的甚至连包装设计也一并模仿。据悉，这些跟风模仿产品主要销往三四线城市及农村市场。

类似的例子多如牛毛，不胜枚举，他们的最终下场必然是淹没于顾客的唾沫中。

2. 推理证明产品概念是成立的

上文提到过，产品概念包括三个方面：目标顾客、产品作用、使用场合。您必须证明这个概念是成立的。首先，为什么目标顾客是这些？换句话说，为什么您的目标顾客需要这个产品？其次，怎么证明产品具有这些作用或者特点？也就是说，顾客凭什么相信产品具有这些作用和特点？最后，为什么产品适用于这个场合？换句话说，目标顾客为什么要在这个场合使用它？您不妨认真考虑一下，看自己可以很好地回答这些问题吗？

一旦产品概念成立了，顾客自然会买单。当然，这三个问题的权重在不同的产品概念下是不同的。有的产品概念重点在于目标顾客。比如，海飞丝在上市初期，它的产品概念强调"去屑"，可是当时的人们对于头屑并不十分在意，因此它的产品概念重点就在于："我为什么需要用去屑产品？"有的产品概念重点在于产品的作用和特点。比如，德国贝克啤酒的产品概念强调"我是最好的啤酒"，然而市场上已经有许多知名的啤酒品牌了，因此它的重点在于："凭什么说你是最好的？"有的产品概念重点在于使用场合，比如格力推出的卧室空调，其产品概念强调"卧室专用"，那么，它的重点就在于："为什么说你适合在卧室使用？"

所以，在证明产品概念之前，必须先确定问题的关键点在哪里，把最重要、最核心的问题抓住。

问题1：目标客户为何需要这个产品？

在现实生活中，往往有许多女士在购买某个产品的时候很激动，但是买回来以后就后悔了，觉得没什么用处。

有一次，一个男孩陪女朋友去逛街，正好看到一款洗发水在做促销活动。于是他们也凑过去看热闹。

销售员十分热情："小姐，您好，这是我们的最新产品，防脱效果很不错的。"

女朋友答道："哦，我又不脱发。"

销售员："没错，我看您的发质还挺好，但是现代社会人们的生活节奏非常快，压力也很大，长此以往容易导致头发的营养不良，就很可能引起脱发，等到那时候就晚了。"

看到女朋友微微点了点头，销售员又接着说道："我看您的样子，平常晚上是不是经常熬夜？您是不是发现最近这段时间头发掉得比以前更多了？这个一定要注意预防，就和火灾一样，需要防患于未然，没有人愿意看到火灾的发生。建议您买一瓶回家，可以起到很好的预防作用。"

……

她不顾男孩的劝阻，执意买了一瓶回家。结果一买回家她就开始后悔，因为她的家里早已有了一大堆洗发水和护发素了！

其实女孩根本没有脱发的现象，只是一些正常的新陈代谢而已。但她为什么还是要买呢？我们可以就这个案例具体分析一下。

女孩原本并没有脱发的现象，说明她对这个治疗脱发的洗发水并没有很明显的需求。然而，销售员硬是把这种不明显的需求给挖掘了出来。她从一般人平时的生活习惯入手，压力大，节奏快……尤其是说中了对方的要害：经常熬夜。现代的年轻人，有几个人不熬夜的？

爱美是每个女人的天性，而能够体现美丽的最重要元素就是头发。所以对于女人而言，头发和皮肤一样绝对不容忽视，需要特别呵护。要是头发全掉光了，或是一头稀稀拉拉的头发，怎么见人？就这样，她哪还有理由不买？

因此，对于目标顾客并没有明显需求的产品，需要回答"问题1"。问题的答案就是要激发顾客的需求。当某种需求受到的刺激越强烈，顾客就越渴望去满足它。那么，怎样才能激发顾客的需求呢？

◇正面树敌：如果不用这个产品，您将面临一个可怕的敌人，而且它将对您产生严重的威胁。

◇小题大做：如果不用这个产品，情况将会变得更加严重，后果不堪设想。

◇制造压力：如果不用这个产品，将给您带来各种压力，包括社会压力和心理压力等。

（1）确立一个可怕的敌人，引起顾客的恐慌

当您面对一个可怕的敌人，又无法逃避的时候，您会有什么样的反应？相信80%以上的人会热血沸腾：借助强大的武器去战胜它！

漱口水是舶来品，在中国很少有人用，普通人都是刷刷牙而已，似乎没人对漱口水感兴趣，需求并不明显。笔者最近在坐公交的时候看到了一个李施德林（Listerine）漱口水的广告。笔者原本是从来没有用过漱口水的，但由于看了这个广告，笔者买了一瓶。

　　那则广告的大意是：普通人刷牙只能把25%的细菌刷掉，还有75%的细菌在您的口腔里肆虐，您能忍受得了吗？在这里，正是为人们树立起一个让人不寒而栗的敌人——细菌。

　　在普通人的印象里，细菌无疑是种非常可怕的东西！您可能会联想到战争中的生化武器，就是那些可怕的细菌，夺走了无数人的生命！更恐怖的是，在通常情况下，细菌无孔不入，看不见，摸不着！

　　一个人的口腔里一共有多少细菌？根据专家的说法，一个清洁的口腔，每颗牙齿的表面会有1000~100000个细菌；而一个没那么清洁的口腔，每颗牙齿表面可能有1亿~10亿个细菌。一个正常人，一共有32颗牙齿，您可以算算，总共会有多少细菌？

可惜的是，在广告里并没有提到这些数据。如果能够列出这些数据，树敌的效果会更好，对顾客需求的刺激就会更加强烈。想象一下有这么多的细菌在您的口腔里滋生繁衍，您是一种什么样的感觉？能忍受吗？

对于每个家庭而言，小宝宝就是整个家庭的焦点和重心所在。小宝宝的一举一动都是家长们的牵挂，尤其是小宝贝的尿尿问题。一直以来，帮宝适都宣传自己的尿布"干爽宜人"，所以赢得了家长们的青睐。

后来，随着市场竞争的日趋激烈，越来越多的儿童尿布生产商都宣称自己的尿布吸水性好，同样也十分"干爽宜人"，价格还便宜。反正只要是尿布，可以用就好了，干吗一定要买最好的？凭什么要花更多的钱去买帮宝适？人们好像并不十分看重"潮湿"问题。所以，这一次帮宝适豁出去了，采用了一个比较大胆的策略。

它们并不忌讳那些听上去让人有些"难受"的

词语，直接把"尿"字提出来，让"尿"成为小宝宝"潮湿"的敌人！一改之前遮遮掩掩的画风，直切要害。作为家长，您愿意让自己的小宝宝整个晚上都饱受"尿"这个问题的困扰吗？小宝宝的皮肤是那么娇嫩柔滑，怎么经得起几小时尿液的侵蚀？于是，"潮湿"问题就因为"尿"而变得严重起来。您还能容忍"尿"这个讨厌的敌人吗？如果没有吸水性最强的尿布，要如何应付？

曾经有一段时间，螨虫问题一度闹得沸沸扬扬。近几年在化妆品市场，国际巨头和国内大牌激烈厮杀，一个名叫"新肤螨灵霜"的产品横空出世，迅速占领了一个细分市场。它是怎样从市场脱颖而出的呢？

假如您的脸部有一些轻微的痒感或刺痛，局部皮肤略隆起成为坚实的小结节，呈红点、红斑、丘疹状，您或许不会在意。可是，就在您不在乎的时候，满婷却找来了一个骇人听闻的敌人——螨虫。

螨虫是什么东西？它们的躯体普遍比较小，最大的螨虫长度也不过1至2毫米，最小的则需要借助 50 至 100 倍的显微镜才能看得见。螨虫遍布地上、空气中、水中和生物体内外，可以说无处不在。它们繁殖快，种类多，其中对人体危害性较大的是蠕形螨、疥螨和尘螨等。

蠕形螨寄生在人体皮脂腺最发达部位的毛囊中，常见于额面部，包括鼻、眼周围、唇、前额、头皮，甚至乳头、胸、颈等部位，可以随着皮脂从毛囊中溢出或自动溢出毛囊，通过床褥或洗脸巾等传播。它能够破坏人的皮肤，特别是面部皮肤。有统计数据表明，成年人对蠕形螨的感染率高达97.68%。如果不加注意，还会造成毛囊扩大，堵塞毛囊口，让毛囊感染，产生炎症，在很短的时间里长出又红又大的粉刺或黑头，反复发作最终导致酒渣鼻，毁掉您的美丽。

疥螨寄生在人和哺乳动物的皮肤表层里。疥螨的活动、噬食和排泄物都会刺激皮肤，使人感到奇痒无比，难以忍受，在夜间更加明显，患者甚至会由于挠破皮肤而继发细菌感染，发生脓疱、毛囊炎或疖肿等。据统计，约 80% 的过敏性哮喘、过敏性鼻炎和皮炎都与尘螨有关。

螨虫如此厉害，您会感到恐惧吗？您还不赶紧采取一点手段吗？于是，满婷的机会就来了。

正面树敌的步骤如下：

第一步：找出难题

找出产品最擅长解决的那个顾客难题，如李施德林的"杀灭口腔细菌"，帮宝适解决"潮湿问题"。

第二步：确定敌人

在难题中确立一个可怕的敌人，如满婷把敌人确定为"螨虫"。

第三步：描述坏处

对于敌人，一定要具体描述它是如何可怕，才能营造一种令人恐慌的气氛。如满婷，非常具体地指出了螨虫给人们带来的伤害。

（2）挖掘小问题，做成大文章

小题大做原本是一个贬义词，但在这里并没有贬义。如果没有什么大文章可做，我们就要善于观察生活，抓住一些日常生活中人们容易忽视的问题，把它挖掘出来，做成大文章。

实际上，最喜欢小题大做的就是保健品了。女人怕老、富人怕死、老百姓怕生病。那些保健品非常善于抓住消费者的心理，原本很小的一件事情，经过他们一说，就变得十分吓人！

　　黄金搭档不过是一种含有维生素和矿物质的保健品而已，就是很擅长小题大做。儿童和青少年如果缺少维生素和矿物质，轻则可能导致偏食、厌食，重则可能导致生长发育迟缓，佝偻病，体弱多病，易感冒，脸色苍白，流鼻血，腿抽筋等。而成年人如果缺少维生素和矿物质，轻则可能导致皮肤干燥、眼睛干涩等，重则可能导致严重的脱发、头皮屑多，嘴唇脱皮、嘴角烂，坏血病和贫血病等。老年人如果缺少维生素和矿物质，轻则可能导致腰酸背痛等，重则可能导致腿抽筋，手脚发凉，坏血病，贫血病等。

　　普通人的日常食物中原本就已经含有维生素和矿物质，缺的可能只是一些特殊的维生素和矿物质而已。就算是缺乏维生素和矿物质，只要不是长期缺乏，一般不会导致重症，只会导致小孩偏食，成年人皮肤干燥，老年人腰酸背痛等小毛病，甚至这些问题还未必是因为缺少维生素和矿物质导致的。

但黄金搭档却将这些"小题"放大，将缺乏维生素和矿物质与小孩"不长个儿、（罹患）佝偻病"，成年人、老年人"坏血病、贫血"等联系在一起，促成购买行为。

小题大做，分为三步走：

第一步：找出"小题"

这需要有一些功力，要求您善于观察生活，捕捉生活中的每一个细节，从中找出可以发挥的"小题"。例如牛奶搭档的小题是"空腹喝牛奶问题"，黄金搭档则是"缺少维生素和矿物质"。

第二步：初期症状

接下来，要描述出初期的症状。如空腹喝牛奶，初期就是"营养流失"；黄金搭档说的初期症状是"偏食、皮肤干燥"等。

第三步：严重后果

然后，要重点描绘出最严重的后果，引起顾客的足够重视。例如空腹喝牛奶，会导致乳糖不耐症，引起腹痛、腹泻，让您无法忍受；缺乏维生素和矿物质，严重时会导致小孩"生长发育迟缓、罹患佝偻病"，成年人与老年人罹患

"坏血病、贫血"，等等。

（3）借用外部的压力，让顾客忍受不了

上文提到的两个技巧都是从科学角度和生理角度出发的。除了这两个角度，还有其他选择吗？

海飞丝是一个被反复提及的优秀案例。在海飞丝出现以前，我们并不是很在意头皮屑的问题，认为这并不是大问题。而海飞丝的主要卖点就是去除头屑，该怎么办呢？是绘声绘色地描述如何去头屑，彻底去头屑吗？相信您一定有答案了：先唤起人们对头屑的重视！是的，海飞丝当时的确是这么做的，而且他们做得很成功。

还记得海飞丝的广告语吗？"您没有第二次机会给人留下第一印象。"（You never get a second chance to leave a first impression.）这句话非常有哲理，很容易被人记住。这跟头屑有关系吗？假如在第一次约会的时候，头屑满天飞，甚至飞到对方的脸上，结果会怎样？假如您第一次面试的时候，头屑散落在头发上、肩膀上，白花花的一片，结果又会怎样？

在某地播放的电视广告上，有一位戏剧专业的学生在入学考试的紧要关头，就遇到了头皮屑的困扰。女生无可奈何地摊开双手，伤心欲绝地说道："我的前途完蛋了！"就在这时，海飞丝及时出现，挽救了她的梦想。也就是说，海飞丝最终的目的不是去除头屑，而是为人们的前途扫清障碍。如果不去除头屑，将影响您的前途！您还敢掉以轻心吗？

这就是典型的制造外压，借用外部的压力和舆论来促使您重视与产品相关的问题：

第一步：找出关键

找到问题的关键要素，海飞丝的关键要素是"头皮屑、第一印象与前途"。

第二步：制造关系

让几个关键要素之间相互扯上关系。头皮屑将影响人们对你的第一印象，关系到前途问题。

第三步：指出后果

指出这样做的后果。头皮屑虽小，可是如果不注意，也会给人留下很不好的第一印象，甚至可能因此断送前途。

问题 2：顾客凭什么相信产品具有这样的作用/特点？

（指标证明）

您的产品凭什么是"最贵"的？您需要找到能够证明您的产品是"最好"的证据和支撑：为什么说它是最好的？如何证明？

在什么情况下需要这样的证明呢？当顾客对产品所描述的作用/特点心存怀疑时，需要展示强有力的证据。

◇实例证明：请专家、名人、机构或是某个具体的消费者等来证明。

◇产地优势：找出人们头脑中认为这种产品最好的产地，与其产生联系。

◇工艺支撑：描述产品的制造方法、原料、生产设备等方面的工艺。

（1）实例证明：事实胜于雄辩

光说不练假把式，大道理讲再多也是没有用的，更重要的是摆出事实。很多时候，可以借专家的嘴巴来证明自己的产品是如何如何，这远远比自吹自擂要有用得多。例如德国欧特家博士食品公司让一位著名的法国厨师承认，他们喜欢用事先调好的烹饪烘焙调料；张裕葡萄酒也同样把自己的首席品酒师克瑞斯请出台面，通过他的嘴巴来证明自家葡萄酒的质量。

还有一个不错的方法是找名人来证明。例如耐克篮球鞋，就是依靠篮球明星迈克尔·乔丹的飞人形象，强有力地证明了它的篮球鞋是最专业的：您看，世界上最好的篮球运动员穿的就是我们的球鞋！

还有一些时候，借助一些专业机构的鉴定也很有用。例如珠宝行业，一般来说，只要顾客购买一颗钻石，就会为其配上一份专业机构的鉴定证书。但一定要注意甄别，选择那些真正的权威机构。在国际上，美国宝石学院（GIA）钻石等级证书受到广大消费者的信赖与认可。

直接请消费者来证明也不失为一个好办法。当年的神州行采用的就是这种方法："选号码就像进饭馆，选人多的。神州行，听说将近两亿人用/我相信群众/神州行，我看行。"两亿人都在使用，还能有错吗？您还信不过绝大多数人的选择？

（2）产地优势：国家，地区

众所周知，有些地方就是某种产品的代名词。如果这个优势没有派上用场，那就太可惜了。如中国就是陶瓷的代名词。

啤酒，优势产地就是德国。"德国的啤酒品质和啤酒文化都是全球公认的最好的。世界上最好的啤酒在德国，而德国最好的啤酒就是贝克，我们就是最正宗的德国啤酒。"贝克啤酒公司的管理者对于自己的品质和血统非常自豪。

手表，就是瑞士。

香水，葡萄酒，就是法国。

服装，皮具，就是意大利。

伏特加，就是俄罗斯。

莫斯科伏特加，标明"产地俄罗斯"，一下子就与其他的"俄罗斯伏特加"划清了界限，因为其他"俄罗斯伏特加"的产地都不在俄罗斯。

（3）工艺支撑：好东西是做出来的

工艺的好坏，往往决定着产品的好坏。

同样都是张裕葡萄酒，在桶里存放了5年的，价格就要比放2年的高。其实，普通的消费者根本没法品出其真伪，但就是会感觉放了5年的那瓶口感更好，口味更佳。

一直以来，劳斯莱斯都以打造世界上最精致、最高贵、最奢华的汽车而举世闻名。但是您知道吗？它们成功的最关键因素在于"纯手工制造"。长城葡萄酒在广告词中写道：3毫米的旅程，一颗好葡萄要走十年。这句广告词突出的是长城在品质方面的追求——最苛刻的原料筛选，还有货真价实的酿造方式。

还有很多产品强调的是设备。比如深圳景田太空水，号称公司拥有二十八条世界最先进的现代化全自动生产线，采用美国复合膜反渗透产水设备及意大利全自动灌装线和塑膜包装机，其将生产车间建设成了全球领先的全封闭净化车间。

问题 3：目标客户为何要在这个场合使用？（善意提醒）

有时候，在使用场合方面做文章，可以收获意想不到的效果。可是人们为什么要在这个场合使用呢？一定要有充分理由，否则顾客才不会理你。

"早餐奶"这个概念为什么会获得成功？因为人体每天所需能量的三分之一都是从早餐里摄取的，所以一定要吃早餐，在第一时间全面补充动物蛋白质和氨基酸、维生素、矿物质、钙质等多种营养成分，而富含这些营养成分的牛奶正是早餐的最佳选择。

午后红茶以奥黛丽·赫本作为形象代言人，"正统英国午后茶"将产品概念与19世纪中叶英国的午后茶理念结合起来，市场表现十分抢眼。究其根本原因，是"下午"这个时间点选得恰如其

— 131 —

分。与其说是英国人选择红茶，不如说英国人选择了"下午"，喝茶变成了享受午后情怀的一种方式：在午餐和晚餐之间，在正午阳光和夜晚月色之间，在工作和闲暇之间，茶还是那杯茶，只是午后的时光给了顾客更多的购买理由。

3. 归纳出的"概念"要与规划的"产品概念"一致

通过判断与推理分析，顾客同样会为产品归纳出一个"概念"。只有这个"概念"与当初规划的"产品概念"一致时，才能获得成功。

实际上，这类似于给人留下的"第一印象"，一旦定性后就很难再改变。所以，在此之前，一定要提供真实信息，并且为产品概念的成立提供充分的证明。只要稍微有一点儿犹豫，顾客就会把从口袋里掏出一半的钱又放回去。

到了这一步，您能做的也只有两点：第一，补充遗漏。无论如何，在一段很短的时间内，顾客不可能对产品了解得面面俱到，一旦还有重要的遗漏，就必须要通过各种渠道给顾客补充。第二，修正偏差。顾客的认知如果出现了偏差，并影响到了他的购买欲，那么一定要及时给予修正，向顾客解释清楚。

第四节 / 找出差异点，提高产品核心竞争力

在产品开发中，一定不能忽视差异化，甚至要重视差异化。让用户在同质化的市场中做出选择，成为企业开发产品的关键。只有让用户看到你的产品与其他产品的差异点，用户才会选择它，你的产品才有可能在市场中获得成功。

那么，要如何让自己的产品具备差异化优势呢？要如何理解这个差异化呢？我们不妨简单地想象一下，在一个水果市场中，大家都在争先恐后地卖红苹果时，你该如何把自己面前的一筐苹果销售出去呢？这时候，你不能打着卖红苹果的旗号，因为你会被挤掉。这时候不妨尝试一下卖甜苹果的口号，人们就会注意你。当大家都跟你一样开始卖甜苹果时，你就要卖大苹果。如果大家都卖大苹果，那么你就要卖独家苹果……

一、差异化不是赶"时髦"

陈佩斯，曾经以一副光头形象"照亮"全国。赵本山，一直以风格独特的幽默小品，在每年的春节联欢晚会上大放异彩。在个性张扬的年代，搞艺术的必须要有足够的个性，才能一枝独秀。可是，让我们感到十分不安的是，有一些产

— 133 —

品也追赶所谓的"时髦"，穿着"奇装异服"，打扮得奇形怪状，还美其名曰："差异化!"确实，这样做可以吸引到一些目光，博得一些喝彩，但却"只可远观，不可近赏"。

（1）"奇装异服"不是差异化

假如仅仅只是为了吸引眼球，那么穿上奇装异服的确是个好主意。但是想要让顾客掏钱买单，事情就没有这么简单了。

> 某地曾有一家餐厅叫作马桶餐厅，曾经有一段时间里生意十分火爆，当地人几乎都知道这家餐厅。笔者也曾经有一次为了去开开眼界，特地跑到这家餐厅里尝试了一下，但仅仅是一次而已。那个餐厅的里面是一副怎样的景象？您不妨想象一下，它和家里卫生间里的环境差不多。不过，不管是吃饭还是喝汤，用户都要使用马桶……是的，差不多就是这样一副场景，否则怎么敢叫"马桶餐厅"？

> 在餐厅的门口，悬挂着两个洁白晶亮的小便斗，而中间则是一个马桶。当您推门而入的时候，却发现整个餐厅就像是一场厕所用品展览会：座位是"马桶"，饭桌是"厕缸"，饭碗"浴缸"，刨冰是"便便"，饮料是"尿尿"……笔者已经开始反胃

了。环顾四周，店里的客人数量不多，都坐在马桶上旁若无人地用餐，有的人似乎不为所动，反而还胃口大开。

笔者只能硬着头皮，"入乡随俗"地挑了一个"马桶"坐了下来。这时我才发现原来我的餐桌居然是"蹲厕缸"，只是多了一个玻璃罩，里面虽然装的都是些贝壳、砂等海滩饰物，但实在令人倒胃口。可是既来之，则安之，只好忍住恶心，豁出去了。笔者点了一份据说很经典的"马桶冰1号"，有巧克力、香草和草莓3种味道。东西端上来以后，只见在一个花盆容器里，最上面的是汤圆，中间是刨冰，外面则裹上椰果等，外表看上去与"便便"相差无几！笔者只好夺门而出，落荒而逃！

将这样的餐厅包装称为"奇装异服"，一点都不夸张。虽然它的面积只有60平方米左右，但在披上了"马桶餐厅"这件外衣后，立刻声名鹊起，吸引了全城人的眼球。然而，这样的状态可以持续多久呢？去过一次的人还会再去吗？反正笔者是再也不会了。

（2）奇形怪状不是差异化

如果在一群美女中间站着一个奇形怪状的人，他一定是最惹人注目的那个。同样，如果一堆产品里面摆着一个奇形怪状的产品，它也一定是最吸引眼球的。于是，有些号称"创意大师"的人打着"差异化"的旗号，一心想着博眼球、搏出位，硬是搞出一些奇形怪状的产品，一味地追求"新、奇、特"，一点都不注重产品的实质。

有一家专门生产肥皂的公司，曾经推出过一种柠檬香皂，它的造型如同一颗真的柠檬，并且也是以柠檬为原料，和市场上千篇一律的"小砖块"模样完全不同。一时间，引发了许多消费者的关注，激起了人们的好奇心，刺激了购买欲望。然而最终的结果仍然"叫好不卖座"，许多顾客在用过一次以后就把它放在一边了。

款式、造型新颖奇特的柠檬香皂没能获得成功的原因何在？因为它过于追求外表，却不重实际。顾客在使用了以后发现，它的优点也正是缺点：圆溜溜的肥皂，在沾了水以后很难握住，很容易掉进水里，而且它的表面凹凸不平，擦在身上也不舒服。

二、抓住关键词，深刻理解"差异化"

无论对于什么问题，我们都要善于追根溯源。对于我们再熟悉不过的"差异化"，也是如此。但市面上的"差异化"概念却多如牛毛：有人说差异化是"人无我有，人有我优"；有人说差异化是"向市场提供独特利益"；有的说差异化是特劳特的"定位"；更有甚者，认为差异化是"无中生有"……

营销大师菲利普·科特勒如是说："差异化（differentiation）是指设计出一系列有意义的差别，以使该公司的产品与竞争者产品相区分的行动。"这个解释可以说言简意赅，切中要害。

想要深刻理解一个定义，抓住关键词最重要。"差异化"的关键词就是："一系列""有意义"和"行动"。

（1）一系列

科学技术日益飞速发展，想要让某一个差异点永远保持热度，显然是不现实的。您推出了一个差异点，并在市场上获得了成功，市场一定会迅速冒出一大批雷同的产品。所以您必须持续地推出差异点，而且要围绕某个"中心"持续这么做，以将竞争对手甩在身后。在这一方面，"沃尔沃"汽车可谓运用得炉火纯青。

在汽车市场上，很多品牌流于平庸，看不到任何独到之处和亮点。甚至可以说，有些品牌只要把广告里的商标（logo）换掉，就适用于任何汽车。很多豪华车也是如此，它们的"特点"概括起来就是：外观经典、内饰精美、装备齐全、结实安全、动力强劲、乘坐舒适、尊贵豪华……各方面都很出色，那么"沃尔沃"该怎么办？如何突出差异点，与其他豪车品牌竞争？它在综合因素与竞争对手相差无几的基础上，围绕"安全"这个中心极力宣传，几十年来如一日，几乎每年都推出一些不同的"安全"差异。时至今日，沃尔沃早已成为"安全"的代名词：

1944 年发明安全车厢

1959 年发明前座三点式安全带

1960 年推出加装衬垫的仪表盘

1964 年推出第一个后向式儿童安全座椅的原型

1966 年发布车身前后的溃缩吸能保护区

1967 年推出后座安全带

1968 年推出前座安全头枕

1969 年研发出前座三点紧缩式安全带

1970 年成立沃尔沃事故研究小组

1972 年推出后座三点式安全带

1972 年推出后座后向式儿童安全座椅和儿童安全锁

1973 年推出可溃缩式转向柱

1974 年推出能量吸收式保险杠

1974 年应用位于后轴前面的油箱

1984 年推出防抱死制动系统（ABS）

1986 年推出高位刹车灯

1986 年推出后排中间座椅三点式安全带

1987 年研发出驾驶员安全气囊

1991 年研发出防侧撞保护系统（SIPS）

1993 年所有座椅标准配备惯性卷轴三点式安全带

1994 年研发出防侧撞安全气囊

1997 年推出防翻滚保护系统（ROPS）（敞篷车型）

1998 年研发出头颈部保护系统（WHIPS）

1998 年推出安全充气帘（IC）

2000 年在哥德堡成立沃尔沃汽车安全中心

2000 年研发两段式充气安全气囊

2001 年推出沃尔沃安全概念车（SCC）

2002 年发布加长的防滚翻保护系统（ROPS）

2002 年开发虚拟怀孕碰撞实验假人

2002 年研发出防翻滚稳定控制器（RSC）

2003 年推出智能驾驶信息系统（IDIS）

2003 年推出后座安全带提醒装置（S40 和 V50）

2003 年推出享有专利的新型前端结构（能够有效降低碰撞力）

2003 年在曼谷成立交通事故研究小组

2004 年推出斥水玻璃（WRG）

2004 年研发出带有刹车辅助和自动刹车功能的碰撞警示系统，在汽车安全发展史上是又一次划时代的革命

2006 年发明盲点信息系统（BLIS）

2007 年推出酒后驾驶闭锁装置（Alcoguard）

2007 年在法兰克福车展推出首款充电概念车，单次充电之后可以行驶 100 公里

2008 年推出世界首创的城市安全系统，可以有

效减少或避免低速追尾碰撞

2008 年推出全新 XC60，标配城市安全系统，这是世界上第一款装备预备防御性安全系统的量产车

2009 年推出沃尔沃 C30 二氧化碳排放仅 99 克/公里，成为同级车之最

2010 年推出带全力自动刹车的行人安全系统

2011 年，在多款车型上配备 IntelliSafe 智能安全系统

2012 年，在日内瓦车展上，推出配备行人安全气囊的车型沃尔沃 V40

2015 年，推出交叉路口自动刹车技术，可以在转弯遭遇对向来车时自动刹车

2016 年，推出"大型动物探测系统"，能够探测到麋鹿、马、驼鹿等大型动物，同时向驾驶者发出预警，并对正在行驶的车辆进行刹车辅助以避免碰撞

2020 年，宣布所有车型最高限速为 180 公里每小时，以防再有人在沃尔沃汽车的事故中被杀死或重伤。

（2）有意义

每推出一个差异点，都要从三个角度去衡量它的意义：从竞争的角度看，和竞争产品是否有区别？竞争者模仿的难度有多大？从顾客的角度看，他们是否真的愿意为这个差异点买单？从自身角度看，资源条件是否与制造这个差异点所需要的条件相匹配？

（3）行动

差异化并不是嘴上说说就好，而是一种实实在在的"行动"。有些人动不动就把"我要差异化"挂在嘴边，但实际上什么都不愿做，一天到晚只知道坐在办公室里闭门造车，生搬硬套、胡编乱造出来一个差异点，从来不愿意思考以及和顾客沟通。其实，只要理解了菲利普·科特勒所说的"行动"的意思，并与前面提到的几个关键词联系起来，您就不难理解，这里的"行动"指的是一系列有意义的差别行动！这不就是"战略"吗？有一位专家是这样解释"战略"的："战略是为了建立和维系持久的竞争优势而采取的一系列协调的行动。"可见差异化战略的核心词也是"行动"。

什么行动？有意义的差别行动。没有意义的差别行动无法达到预期的效果。那么，有意义的差别行动是否只需要一次就行了？要知道，战略是一场战役，而不是一场战斗。因此，它需要一系列协调的行动。

说到这里，相信您已经明白差异化的本质了，那就是竞争战略。假如没有竞争，那么葡萄就是唯一的选择，它可以卖给所有的目标顾客；倘若竞争激烈，那么你是葡萄，我就是樱桃，虽然有些相同点，但我就是和你有差别。你卖给喜欢葡萄的顾客，而我就可以卖给喜欢樱桃的顾客。两者摆在一起，没有正面竞争，都可以让各自的目标顾客买单。就像徐志摩的诗句里写的："你我相逢在黑夜的海上，你有你的，我有我的方向。"

三、差异化早就存在，只是我们还没有发现

市场上早已有无数关于差异化的论述，其中最经典的就是菲利普·科特勒提出的差异化理论，他将差异化分成产品差异、服务差异、人员差异、渠道差异、形象差异等。我们在这里只研究产品差异。

现在没有几个专家能够真正从实战角度去总结归纳"差异化"，大部分的专家都是从理论的角度去论述。尽管那些关于差异化的文章都长篇大论，说得头头是道，可您真的能够发现自己产品的差异点究竟在哪里吗？

差异点不会在办公室里，也不会在会议室里，更不会在

浩如烟海的网络中。差异化就在顾客的头脑里！赶快走出办公室，赶快离开会议室，赶快逃离互联网，走近消费者，去了解他们的需求和欲望，去倾听他们的抱怨吧！

关于差异点，有人喜欢用"制造"，有人喜欢用"策划"，还有人喜欢用"创意"。其实这些用词都不够准确。我们则更喜欢用"发现"。其实，大多数差异化的内容早就存在，只是我们还没有发现而已。例如，白加黑只是"发现"了感冒的人白天和晚上的不同需求，而王老吉只是发现了人们都"怕上火"……

在绝大部分的情况下，差异化需要的不是发明，而是发现！如何才能发现产品的差异点呢？实际上，产品概念的差异是最有效的：目标人群的差异、功能用途差异、使用场合差异。

我们已经花费了很大的篇幅去谈产品的概念，这里就不再赘述。根据以往的经验和对前人的总结，我们将产品的差异简单归纳成三个方面：

◇产品内容差异：实实在在的基本属性，体现的是产品的实用性，包括可靠性、耐用性、质量、方便性、维修性、用途等。

◇产品形式差异：生动形象的物理特性，体现的是产品的美学性，包括尺寸、大小、色彩、味道、外型、温度、重量、包装、手感等。

◇产品外延差异：独树一帜的附加个性，体现的是产品的独特性，包括独特性、正宗性、对比性等。

1. 产品的内容差异更具独占性

如果一个产品没有多大的实际用途，只能当花瓶摆设，那么顾客会很生气，后果也会很严重。这样的差异点只能是花拳绣腿，就像一阵风一样很快就会过去，不留一点痕迹。其实，产品内容方面的差异点是最不容易被顾客认识到，同时也是最难发现的。因为顾客往往会认为这样的差异是企业应该做的，没什么好说的。但是一旦在产品内容方面找到有效的差异点，就会很容易产生溢价，更具有独占性，产生明显的优势，也让竞争对手难以模仿。

（1）耐用性

所谓耐用性，就是衡量一种产品在自然或在重压条件下的预期操作寿命。对于某些产品而言，这是它的价值增加属性。最典型的例子就是沃尔沃汽车，一直以来，他们都宣称自己的产品是一种十分安全和可靠的汽车："使用期比付款单上写的还要长。"同样的说法还有"付一次款要花三年时间""用旧一辆沃尔沃要用 11 年的时间""顺便说一句，这

11 年是一辆沃尔沃汽车在瑞典的平均寿命，那里的高速公路上没有速度限制，那里有 70 万英里没有铺设的道路，在那里驾车实际上是一种全民的消遣"。这样的产品，顾客多掏点钱会不愿意吗？

（2）吻合性

吻合性指的是产品的设计和使用与预定标准的吻合程度。假如您经常在一家快餐厅订餐，它承诺不管在什么情况下，但凡在附近 1 公里以内的顾客，都能确保在 20 分钟以内送到。如果别的餐厅经常误点，您为了能准时吃到饭选择了它。可是一旦它出现过几次误点，那么您就会认为它和别的餐厅没有区别，即使它的准点率在 90% 以上，仍然比其他的餐厅更快。换句话说，承诺的事情就一定要兑现，否则将极大地影响声誉。

（3）可靠性

可靠性是指产品质量值得信赖的程度。三鹿曾经宣称自己的幼儿配方奶粉经过"1100 道检测关"，包括通过合格鲜牛奶供应商的评定，原辅材料、包装物入厂检测，生产之前的清洗与消毒，收奶工序，配料工序，预热均质工序，杀菌、浓缩工序，喷雾工序，流化床工序，筛二遍粉工序，奶粉自动包装、装箱、码垛、入库，化验室检验，合格出厂等

15 个大项 1100 多个小项检验检测。但"三聚氰胺奶粉"事件被曝光，彻底将三鹿奶粉的可靠性击碎。

（4）维修性

维修性指的是产品故障或用坏后可以修理的容易程度。例如思科系统公司，原本是通过电话系统来解决顾客的问题。随着销量的扩大，顾客对其设备提出的问题日益增加，因此该公司不得不雇佣大批电话接线员，成本很高。后来，它把一些顾客最常见的问题搜集起来，做成了网络知识库。这样一来，每个月减少了约 5 万次电话，节约了大量成本。公司的业务也因此获得了更快的增长。谁不喜欢容易维修的产品呢？

（5）方便性

没有人不喜欢用方便的产品。喜欢喝蜂蜜的朋友应该都有过这样的体会，许多蜂蜜的厂家都喜欢用玻璃瓶加盖子，在食用的时候必须用勺子舀，所以很容易洒出来，滴到桌子上或衣服上，既造成了浪费又制造了麻烦。后来有些厂家就考虑到这一点，改成了挤压式的一次性小包装，这样就方便多了。折叠自行车也是如此，非常方便。许多的上班族都喜欢骑折叠自行车，离公司近的朋友可以骑到公司，然后折叠起来带到办公室，不占地方；而离公司远的朋友也可以把自行车折叠起来，带到地铁上，然后出了地铁站再骑行到公司。

2. 产品的形式差异贵在坚持

形式差异是最容易做到的，可形式差异也往往容易被模仿，难以形成本质差异。时尚型的产品就更加注重形式方面的差异，例如服装要讲究款式和颜色等。可是当您今天推出一款新的服装，明天市场上就会出现相同款式的服装。当然，如果您能够做到几十年如一日地一直坚持某个形式的差异点，那也很了不起。大众汽车的甲壳虫就是如此，它们一直坚持那个形状与大小，从而形成了产品最大的差异。可见，产品的形式差异贵在坚持，如此才能发挥巨大的威力。

（1）尺寸

大众汽车公司的甲壳虫汽车，一直以来都坚持"想想还是小好"的理念（Think small），在市场上广受欢迎。但是，当它不再坚持做小汽车的时候，销量就开始持续下滑。

（2）色彩

白加黑感冒药——白天服白片不瞌睡，晚上服黑片睡得香，通过产品颜色上的巨大差异，做到了在产品功能诉求方面和其他感冒药有所区别。

（3）外观

外观的差异很多人都可以想到，然而能够真正让外观成为产品最大的亮点，却并不是那么容易的一件事。百搭蛇形灯是一种水电工常用装备，由于它的外型独特，在各种狭窄的地方都非常适用，这个产品荣获了设计金奖。iPod MP3 播放器，以其独一无二的造型，在外观上看不到连接点，建立起了其标志性差异之一，让竞争产品很难复制和模仿。

（4）温度

基于温度的差异化也很容易出彩。有一种洗涤剂宣称"在冷水中没有其他洗涤剂能比它表现得更好"，宣称自己是"冷水中的洗涤剂"，在那些气温较低的地区，受到广大顾客的欢迎。昆仑润滑油号称"问鼎冰穹"，是南极考察专用的润滑油。

（5）包装

屈臣氏，其独特的包装在"水世界"中十分抢眼。

（6）重量

为了满足目标顾客对携带方便的需求，各大品牌的笔记本电脑都推出了号称"全球最轻"的笔记本电脑。

（7）手感

联想商用机的键盘 JME7053，强调"手感"：标准的大键盘用起来比较舒适，按键经过磨砂工艺处理，使用起来手感相当好，操作力度适中，可以缓解长时间工作者的手部疲劳。

（8）味觉

通常情况下，凉茶都是苦的，而且在人们的观念里，凉茶越苦越好，但王老吉却推出了甜的凉茶，味道很好，并迅速在全国范围内流行起来——谁说凉茶一定要又苦又难喝？

（9）声音

卖牛排的强调味道，当把"嗞嗞——"声作为卖点的时候，马上就与众不同了。

（10）性感

20世纪80年代，国际奢华品牌迪奥（Dior）推出了旗下第一款毒药（Poison）香水，它那特立独行的大胆命名、蜿蜒着性感妩媚弧线的瓶身和洋溢着极致诱惑的香调，开启了其长达20年的魅惑性感传奇。

3. 产品的外延差异内涵最丰富

产品外延所涵盖的内容最丰富，也最容易找到差异点，大部分产品的差异都表现在产品的外延方面。事实上，只要人为赋予产品某些意义，便无需对其做太多改变，就能够形成有效差异——请别以为这是无中生有的差异点。但只有仔细观察生活，体验丰富的人才可能找得出来。

（1）独特性

这主要是赋予产品一些比较独特的性质，使之跟竞争者区分开。

※大量使用者

有一种啤酒宣称："如果你每次需要喝两扎以上的啤酒，这就是你要的那种啤酒。"酒鬼酒则把自己视为"酒鬼喝的酒"。

※绿色环保

金威啤酒有限公司宣称自己的啤酒是绿色啤酒，"不含甲醛"，油漆、太阳能、汽车等生产厂家也都喜欢宣称自己生产的是环保产品。

※个人使用

当市场上商用电脑占据主流的时候，IBM 就另辟蹊径，推出了个人电脑，从而开创出一片新天地。

※专业

厨房专家——方太，移动通信专家——中国移动，西裤专家——九牧王，速冻食品专家——思念食品……这几家企业以各自领域中的专业形象，赢得了市场的认可与社会的尊重，他们就是当之无愧的值得信赖的专家。

※一次性使用

1987 年，柯达公司推出了一次性相机，取得了巨大的成功。1993 年，该公司仅在美国就销售了 930 万个一次性相

机。此外，还有一次性注射针头，一次性医用手套，一次性
医用手术服，一次性鞋套……

※运动型

爱好运动的人数量庞大，这些人群在运动的时候有各自
不同的需求。有的人喜欢一边运动一边听音乐，于是就有厂
家推出了运动型耳机；有的人想喝专门的饮料，于是就有厂
家推出运动型饮料；还有的人喜欢戴着手表，于是就有厂家
推出运动型手表……

※二合一/三合一

飘柔，洗发护发二合一。一般牙膏只有防蛀、健齿等功
效，而高露洁则推出了全效牙膏——谁不想全效？

※速度/效率

西部联盟是"最快的汇款方式"。联邦快递，次晨达。
数码相机，"立刻成像显示"。

（2）正宗性

※产地

火锅当然是重庆的最好；啤酒当然是德国的最好……

※历史

历史不是随随便便就能编出来的。同仁堂是中药的百年
老店，具有悠久的历史；泸州老窖推出的国窖1573，干脆就

直接以其诞生的年份作为产品的名称。

※原料

原料也是顾客十分关注的一个差异点。例如众多的深海鱼油都号称是来自挪威的深海三文鱼；仲景牌六味地黄丸提出口号"药材好，药才好"，强调原料。

※工艺

"洽洽"瓜子，将传统的炒瓜子改成"煮瓜子"。

珠江啤酒在国内率先推出"纯生啤酒"。纯生啤酒和普通啤酒的不同之处在于，不经过巴氏杀菌或瞬时杀菌等工艺，避免了热因素对啤酒风味物质和营养成分的破坏，体现出"鲜、纯、生、净"的特点，因此受到消费者的欢迎。

（3）对比性

※替代品

众所周知，黄油是从生牛乳中提炼出来的一种固体油脂，脂肪含量较高，不宜过多食用，而人造黄油不仅价格低廉，还改善了天然黄油的一些性能，食用和保存更方便，逐渐成为了黄油的替代品。

人们习惯喝咖啡时加入咖啡奶油，但是，它的一个缺点是保存期限比较短，因此，一款咖啡伴侣凭借保存期长的优势成为了咖啡奶油的替代品。

※对抗

七喜是一种"非可乐"的饮料。

红桃 K 补血快，而血尔则号称"补血更持久"。

第三章

塑造产品角色，激发顾客想象力

品牌形象似乎比任何东西都重要，关乎面子问题。因此，大多数企业都喜欢把自己的品牌形象放在第一位，并为此绞尽脑汁，做足"表面文章"，希望在顾客心目中保持最佳品牌形象。很多时候，这是一厢情愿的事情——你是什么形象，关我什么事？我又不买你的形象！

苹果，一直是"高科技"的代名词，可是您会因为"高科技"而购买苹果播放器（iPod）吗？"不！我喜欢充满想象力的苹果播放器（iPod），它能让我成为时尚一族，与众不同！"因此，那个代表高科技、缺了一角的苹果标志，只能被苹果播放器（iPod）彻底隐藏！

胃药，市场上有那么多的中药、西药，您为什么会选择"丽珠得乐"？因为大部分胃药都在强调"效果显著""高科技""国际化"等品牌形象，而"丽珠得乐"却独辟蹊径，一句"其实男人更需要关怀"，为目标顾客塑造了一个鲜活的角色——男人背后的女人，让她们情不自禁地想象其中意境。这就是产品塑造的角色，即产品想象力。

原本，品牌形象应该存在于顾客的大脑里，而不是企业主的大脑里。而现实却恰恰相反。他们认为，只要把品牌"包装"一下，多花点钱做广告，就能够把品牌形象强加给顾客，可结果呢？可口可乐，近年来刻意发布年轻化的广告，请来了年轻明星，企图让自己的品牌形象年轻一点。可是，这依然不能把百事可乐的"年轻一代"挖过来。

大多数时候，刻意塑造品牌形象是徒劳的。多与顾客聊天，您会发现他们常常因为"产品角色"而买单——"苹果播放器（iPod），周围那些个性时尚的朋友都买了，我也买一个吧！""身边的同学都使用动感地带，我还能用其他吗？"

第一节 让产品体现"顾客角色"

人类是一种喜欢并且善于"想入非非"的生物。但他们绝不是天马行空地胡思乱想，每一次"想象之旅"总有一个触发点。

听到麦当劳，人们脑海里就会不由自主地想象汉堡、薯条香喷喷的味道——无论是小朋友还是大朋友，首先想到的都是吃的食品，然后才会想起最近的麦当劳分店在哪里等信息，以便自己快速到达……谁还去理会那个品牌专家设计出来的金色拱门"M"、麦当劳大叔呢？走过凯文克莱（CK）专卖店，看见一件漂亮的衣服，您则会想象穿在自己身上的感觉……

这就是想象力，是人们在头脑中对已经存在的事物进行加工改造、创造新形象的能力，想象就是在现实刺激影响下，人们对记忆中的事物进行加工改造而形成新形象的心理过程。借助想象对类似事物进行推断，人们可以认识从未见过的事物。在想象中，有时您是听众或者观众，有时您是主角，有时您是配角。无论如何，您总会扮演一个重要角色。

如何让产品触发顾客的想象力，让顾客感觉这好像是为自己量身定做？产品想象力！简单地说，就是让顾客在想象中扮演使用这个产品的某一角色。这个角色与自己实际的身份、地位相一致，或者与自己"期望的、想要得到的"身份、地位相一致，从而在顾客的大脑里形成一个公式：××（产品）＝××（角色），例如：劳力士＝社会精英；动感地带＝玩酷一族；牛奶搭档＝喝牛奶的人……

实际上，这些产品赋予了顾客一个鲜明的角色，让顾客对号入座。您购买这些产品，是因为它能让您把内心期望的角色展示出来——购买劳力士，您不就是想告诉别人自己是社会精英吗？您不购买这些产品，也是因为您不希望自己展现出这般角色。

一、简单而又复杂的角色

美国社会心理学家乔治·米德最早使用"角色"概念来

探讨个人与社会的关系。他认为，角色首先是指人，是处于一定的社会地位、按其相应的行为规范行动的人。一个人占有了一种社会地位，就扮演了一个角色：结了婚，您的角色就是"丈夫"或"妻子"，吃饭、购物就要考虑对方的爱好；有了小孩，您的角色就是"父亲"或"母亲"，必须为小孩购买优质奶粉、尿布。

角色是一定的文化在各种关系上的体现，能够表明价值观。每个角色都有他标志性的思想和价值观。

某些暴发户，他们的消费观念是"只买贵的，不买对的"，一切购物行为似乎就是要显示自己的财富与地位，这完全是"面子文化"的体现。某些搞艺术的，他们的消费观念是"奇装异服、奇谈怪论、奇形怪状"，就是要崇尚所谓的"特立独行"，把"新新文化"演绎得淋漓尽致，所以他们购物以"奇异"为主。

反过来，根据消费观念也能判断出一个人的实际角色或期望角色。角色是人们"期望地位"的外在表现，这种"期望地位"远比真实地位更重要。"期望地位"可能是人们的真实地位。例如某个集团的董事长，出入公司永远是奔驰S600，车牌号码就是自己的股票代码，吃饭只到五星级酒店……以此向人们展示其董事长地位。实际上，很多时候这种"期望地位"并不是人们的真实地位，恰恰相反。一个前台文员，硬是花了三个月的薪水，买了一套凯文克莱（CK）高级职业装，把自己包装成为白领女性。她的行为举止也和白领女性一样，经常吃昂贵的西餐，购买昂贵的化妆品……

角色是一种行为模式，它由社会体系通过一定的权利和义务关系加以规范。换句话说，角色是人们行动的依据和基础。如果角色是父母，就有义务抚养子女，所以卖给小孩的产品，就要让父母觉得购买这个产品是一种义务，如儿童教育产品；如果角色是子女，就有义务尊重父母，所以送给父母的礼品，首先要打动子女，让他们觉得不送这个礼品给父母，就是一种罪过。

人们总是根据自己所扮演的特定角色而做出相应的行为。角色是人们对同一地位的人的价值与意义期望。每个角色都会倾向于实现这个角色的价值与期望。时尚人士，穿着方面就会倾向于跟紧潮流，他们认为这样会才能实现人们对这个角色的期望。而大款请客吃饭就不会到街边小店，否则他们就会担心被人瞧不起、遭人笑话。作为富豪，出门就习惯坐奔驰宝马，让人觉得他们像富豪。

现在，您一定理解"角色"的概念了。所谓"角色"，就是指：与一定社会位置相联系的行为模式；具有一定身份、占有某一社会位置的人应有的行为表现。那么，角色与身份、地位之间有什么关系呢？

身份，一般与职位相关，是一种与人物地位或职位相关的外显性标志，例如"他的身份是××公司董事""她的身份是××大学博士"。身份的高低有时会成为对某人综合评价的标准。因此，渴望改变身份使自己能被别人"看重"，成了不少人的本能追求。身份与一个人的经济地位有关，但经济地位并不是身份的全部。地位，是对于总体的社会关系的等级性概括，主要表明一种人的阶级或阶层的属性，例如"他属于贵族阶层/白领阶层/精英阶层/蓝领阶层……"身份、地位有时可以用来描述角色的一些静态方面，但不能完全代替角色概念。

角色与身份、地位之间密切相关，是具有某种身份、占有某种地位的人所期望的行为。也可以说，角色涵盖了一定的行为规范，包括义务、权利和戒律，我们可以分别用规范词"应该""允许"和"禁止"来表示。角色概念具有动态性和完整性。角色对顾客的消费行为有着决定性的影响。每个顾客的消费行为，都与自己的角色或所期望的角色相符合，不可违背。换句话说，顾客所要选购的产品应当能够体现"顾客角色"，就像劳力士体现"精英人士"，苹果播放器（iPod）体现"时尚一族"……

二、角色如何影响顾客的消费行为

1. 角色体现了顾客的消费观念

角色决定观念。在大学毕业后的一两年里，毕业生通常习惯于把自己的角色定位为"学生"，所以依然保持"学生消费观念"：喜欢买一些学生风格的衣服，喜欢去学生食堂一样的餐厅吃饭，喜欢到和大学宿舍一样的公寓住宿……动感地带的"角色"塑造非常成功，它完全符合那些"动感人群"的消费观念——酷、炫，并且赋予动感人群一种角色——玩酷一族。假如圈子里的同学用的都是动感地带，你不用就可能被排挤，甚至被笑话，最后被迫离开这个圈子。实现某种角色，让顾客买单就容易多了。

2. 角色体现了顾客的消费行为

作为"成功人士"，买车通常会买奔驰宝马，买个低端车就显得不适合。作为"成熟女人"，买衣服就不会到"淑女屋"，有"扮嫩"之嫌疑。是什么样的角色，其消费行为就要受到什么样的限制与规范。

如果产品能为顾客角色制订理所当然的行为规范，顾客买单就变得简单。"爱她，就请她吃哈根达斯"。如果你的角色是男朋友，你就有义务请她吃世界上最好的冰激凌——哈根达斯，这是理所当然的；如果你的角色是女朋友，你就有权利要求他请你吃哈根达斯，如果不请就表明他不爱你！

"如果你真的在乎，就送最好的！"这是贺曼贺卡为顾客角色制订的行为规范。假如最好的朋友送给你的是贺曼贺卡，你觉得是理所当然的，因为他真的在乎你；假如你收到的不是贺曼贺卡，你可能会觉得他并不是真的在乎你。

3. 角色体现了顾客的消费期望

不同的角色，对于产品的期望是不同的。住宾馆，在旅行社跟团的普通游客看来只要干净、安全就够了。商务人士的期望则会高一点，除了干净安全以外，最好能够提供上网服务，更舒适一些。而富豪们的期望就更高了，除了以上的服务，更要求品位、尊贵、豪华，最好能够提供劳斯莱斯接送，提供私人管家等特色服务……

角色对顾客是如此重要，那么要如何让顾客进入既定的"角色"呢？

角色酝酿：主要通过情境仿真化

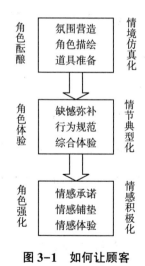

图3-1 如何让顾客进入既定角色

来实现，包括氛围营造、角色描绘、道具准备。

角色体验：主要通过情节典型化来实现，包括缺憾弥补、行为规范、综合体验。

角色强化：主要通过情感积极化来实现，包括情感承诺、情感铺垫、情感体验。

第二节 营造真实情境，让顾客自然地进入角色

让顾客进入角色，比让演员进入角色更困难。演员进入角色是主动的，而顾客进入角色则是被动的，更多时候甚至是抗拒的。要让顾客不知不觉顺着产品的思路走，这样他们才能进入角色。角色酝酿就显得尤为重要，其关键就是营造一种情境，让顾客有一种身临其境的感觉，这样顾客自然就会进入角色。这与营销大师们说的情境营销有些类似，但没有那么高深莫测。

一、展示产品使用效果来营造氛围

要想让演员进入角色，需要营造一定的氛围。要想让歌手唱好悲伤的歌曲，就要营造一种悲伤氛围。刚刚还是兴高采烈，他不可能立刻就变得悲痛欲绝。

让顾客进入角色，更需要营造合适的氛围。最典型的例子就是服装。您可能注意到了，不同的服装，需要营造的氛围完全不同：晚装需要的是高贵典雅，终端展示就要特别注意灯光与场地、背景音乐的配合，尽量营造出晚会效果；时尚装需要的是浪漫与性感，终端表现就要浪漫性感；运动装需要的是动感与活力，终端可以使用运动器材的协助来表现……

如果被这种氛围感染，您就可能试穿一下，看看自己穿上去的效果。如果试穿效果和展示效果一样，您可能会"臭美"一番，心里开始盘算起来：这衣服要是穿到舞会上，肯定成为众人注目的焦点；这衣服要是穿到大街上，回头率肯定很高……您可能会偷着乐，并心甘情愿地掏出了自己口袋里的钞票。

可见，逼真地展示产品使用效果是营造氛围的最好手段。一般从两个方面入手：非常效果展示、正常效果展示。

顾名思义，非常效果展示就是在极端的、超常规的环境中展示出超常规的使用效果。

一是出人意料的场合或使用者。出人意料，才能更逼真、强烈地展示出产品效果，从而触动顾客，迅速让顾客进入角色。如全球通"关键时刻"，就是极端场合。

二是出人意料的效果。尽管是一般场合与普通顾客，但效果出人意料。例如国外某牛奶广告中，小孩子不愿意喝牛奶，然后看到窗外一邻居老人在花园里面干活，刚把小板车一拉，两个胳膊断了下来，这下把小孩子们吓坏了，赶紧拿起牛奶拼命喝！

三是可信度。在这样的环境中真的能展示出这样的使用效果吗？如果过于平淡，达不到预期效果；如果过于夸张，可能会适得其反，沦为竞争对手的笑料。请您一定要把握好度：意料之外，情理之中。

您一定还记得广告大师大卫·奥格威的得意之作：穿"哈撒韦"衬衫的男人。这是一种非常效果展示：把"哈撒韦"衬衫穿在一个戴着黑色眼罩的男人身上，象征着侠义、冒险和硬朗。这个使用者非常出人意料，与一般的衬衫使用效果反差非常大，个性化表现得淋漓尽致，着实经典。

"哈撒韦"衬衫真的能够达到如此效果？广告中是这样说的：

"首先，'哈撒韦'衬衫耐穿性极强——可以穿很多年；其次，因为'哈撒韦'衬衫精致裁剪的衣领，使得您看起来更年轻、更高贵；整件衬衣不惜工本的剪裁，会使您更为'舒适'。

"下摆很长，可深入您的裤腰。纽扣是用珍珠母做成——非常大，也非常有男子气，甚至缝纫上也存在着一种南北战争前的高雅。

"最重要的是'哈撒韦'使用从世界各角落进口的最有名的布匹来缝制他们的衬衫——从英国来的棉毛混纺的斜纹布，从苏格兰奥斯特拉德地方来的毛织波纹绸，从英属西印度群岛来的海岛棉，从印度来的手织绸，从英格兰曼彻斯特来的宽幅细毛布，从巴黎来的亚麻细布，穿了这么完美风格的衬衫，会使您得到众多的内心满足。

"'哈撒韦'衬衫是缅因州的小城渥特威的一个小公司的虔诚的手艺人所缝制的。

"他们祖祖辈辈都在那里工作了迄今已整整114年。"

实际上，这也是营造了一种"男子汉"角色与氛围：穿上"哈撒韦"衬衫，就可以像那个戴着黑色眼罩的男人一样侠义、冒险和硬朗——哪个男人不想这样？

除了非常效果展示，有时候展示正常效果也能营造良好的氛围。此时，要特别注重细节的精确刻画，拉近产品与顾客的距离。一是环境和使用者，必须是真实、日常生活中常见的，顾客一看就有亲切感。二是细节，必须是容易被忽视的、确实存在的细节，让顾客产生一种意外感。

二、通过产品刻画顾客需要的角色

当顾客进入这种氛围，您要做的就是准确描绘这个角色，然后以最直接的方式、大声地告诉目标顾客：您就是这个角色！这里的"角色描绘"不是艺术，而是技术。有人可能误认为是对目标顾客的描述，其实这只是其中的一个方面而已。请记住：我们决不能想当然，只是一味地要赋予顾客某个角色，强加于顾客，更重要的是让顾客愿意接受这个角色，有半点抗拒都不行。

角色分为两个部分：目标角色、实际角色。目标角色是企业主观赋予使用某产品的顾客角色。例如，丽珠得乐的目标角色——更需要被关心的男人（其实，男人更需要关怀……）。实际角色是目标顾客已经认可的产品目标角色。

例如，丽珠得乐的实际角色——懂得关心男人健康的好女人。买药者，多数为女性。女性都希望在别人的眼里，尤其是在丈夫的眼里，是一个关心男人健康的好女人。丽珠得乐，给了她们一个表现的机会，因此，她们会更多地关注男人的胃病和胃药。买丽珠得乐，无形中就说明自己是一个好女人。

三、让产品成为既定角色的主要道具

道具是演出戏剧或摄制电影时表演用的器物，是为了帮助完成角色而使用的。要如何让产品帮助顾客完成角色呢？走到大街上，去看看美女，答案就出来了。

淑女型美女，一头长发，一身传统旗袍，高雅羞涩，蓦然回首，令人心动；活泼型美女，一头短发，一身活泼调皮的休闲装，笑如铃铛响，令人心情大好；性感型美女，一头卷发，一套紧身超短裙，凸凹玲珑，顾盼生姿……每一类型的美女，都希望自己最亮眼。她们在包装自己，尤其是发型和服装方面，绝对煞费苦心！事实上，发型和服饰就是她们作为"美女"这个角色的主要道具！产品也是如此，应当成为既定角色的主要道具。

如何让产品成为最重要的道具呢？

（1）适用性

每个产品都应该有自己的个性。超短裙就是"性感"，旗袍就是"淑女"。不同角色，需要的道具是完全不同的。淑女型美女不会穿那些暴露的紧身超短裙，性感型美女不会用旗袍将自己裹得严严实实。您必须要给产品塑造与这个角色相吻合的个性，让产品与角色之间形成互动，从而让产品成为这个角色最重要的道具。产品个性适合这个角色，我们称之为"适用性"。动感地带把目标对准了年龄大约 15～25 岁的年轻一族。这些顾客的个性或者期望个性就是"崇尚个性化，渴望颠覆传统"。于是，动感地带创造的个性就是"酷"，完全符合这个角色。因此，动感地带成为"玩酷一族"的必需道具。如果您不是 M-ZONE 人，还算什么"玩酷一族"？

（2）实用性

说产品是道具，其实还是与真正的道具有所不同。其中最大的不同点就是：产品必须能够帮助角色解决实际问题，即实用性。有消费行为专家认为，"实用主义"是中国文化的重要特点。"好看不中用"的产品，最后必然落得"叫好不卖座"的下场。试想，如果传统旗袍、超短裙穿几次就坏了，美女们还会为此买单吗？

（3）常用性

这主要是指使用频率，角色对产品的使用频率。使用频率在一定程度上决定了道具对角色的重要性。重要性越高，道具和角色之间画等号的可能性就越大，象征意义就越强。例如不少 IT 人士每天都使用笔记本电脑，重要性不言而喻。

常用性包含了两种情况：一为相同的人经常使用，二为不同的人经常使用。

常用性是产品道具化的另一个关键。

第三节　提炼典型情节，让顾客在体验中获得满足

角色酝酿到位，顾客该进入角色了。每一个角色都是通过一个或几个典型化的情节来实现的。要知道，没有一个角色像白开水一样平淡无奇，毫无特色。他们总有一种或几种代表性的个性、行为或体验，在一定程度上可以和某个角色画等号。

如果某人喜欢随身带着个笔记本电脑，在机场、在车站、在咖啡厅……总是形影不离，好像没这东西就不能活，

这是典型商务人士。如果某人强调各种行头要"贵"，贵到常人无法想象最好不过：穿着普拉达、范思哲等国际大牌，手袋是路易·威登等顶级奢侈品，佩戴的是卡蒂亚等顶级首饰，吃的是五星级豪华餐厅，住的是豪华别墅，出入则是奔驰、劳斯莱斯，甚至是私人飞机……这是典型的富豪角色。

求爱的角色少不了玫瑰与钻戒，被爱的角色一天到晚笑容甜蜜；有人喜浓妆，有人好淡抹；南方人细腻，北方人粗犷……如果把顾客的个性、行为、体验放到具体的角色中，就成了典型情节。一旦把这些情节提炼出来，让顾客重复地体验角色，与角色之间产生强烈互动，角色与典型情节之间就真正画等号了，顾客也将在角色体验中获得极大的满足。

从哪些方面来提炼某个角色的典型情节呢？一、弥补缺憾：弥补目标顾客的各种缺憾；二、规范行为：通过权利与义务的制定来规范和引导角色的消费行为；三、综合体验：把角色使用产品的综合体验生动地描绘出来。

一、弥补目标顾客的各种缺憾

每个人都希望自己成为一个理想的角色。可是，当与这个理想角色进行对比时，您总会发现自己存在着很多的缺憾与不足。例如大学时期，笔者期望自己能够成为和外交家一样的角色，无论在任何场合都能够优雅大方，谈吐自如，谈笑风生。可是，笔者原本却十分腼腆，见了生人就脸红，不敢说话，大气都不敢出。于是，笔者经常强迫自己参加一些朗诵、演讲、歌唱比赛等公开活动，另外还买了一大堆关于提高交际能力、提升演讲水平的书籍。到今天为止，尽管笔者还是不能像某些策划大师一样口若悬河，但至少敢上台演讲了。可见，弥补缺憾是每个人的期待。不少产品就是利用顾客的缺憾，取得了重大成功。

还记得前面介绍过的"哈撒韦"衬衫吗？我敢保证，在现实中没有一个穿"哈撒韦"衬衫的男人是戴黑眼罩的，可是人们为什么依然喜欢戴黑眼罩男人呢？其中最重要的一个原因就是，每个男人都期望拥有这样的个性——侠义、硬朗与冒险。

我们曾经给某个客户做了一个化妆品项目。在市场研究过程中，我们一开始把目标顾客设定为银行职员等高级白领女性，结果出人意料——真正感兴趣的反而是一般职员，诸如前台、文员之类。后来，我们干脆把这种产品的目标人群设定为一般职员，结果无人问津。究其原因，是一般职员期望弥补"高级白领"这种角色缺憾！

弥补个性缺憾，动感地带绝对可以算是一个高手。到校园里转转，您会发现一个奇怪的现象：尽管动感地带口口声声强调自己的目标顾客是那些玩酷一族，可实际上大部分使用者都不是那些穿着酷酷的、打扮炫炫的学生，而是一些看起来没有什么特别之处，甚至有些腼腆、很乖的学生。为什么会出现这种情况呢？难道腼腆、很乖的学生也喜欢酷？自相矛盾？别着急，听听这些学生的说法，您很容易就能找到答案。

"我使用动感地带，是因为平时家里管教很严格，没有办法展示自己的个性，可是我非常希望有一片自己的天空……"一位高二男生腼腆地说。

"其实，我就是喜欢'我的地盘，听我的'那种感觉。"另一位初三女生小声答道。

"我想个性一点，酷一点……"一位戴着眼镜的斯斯文文的男生答道。

"说不出具体原因，就是喜欢用它……"一位平时少言寡语的女生如是说。

很多人以为动感地带成功的主要原因是广告做

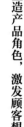

得好，其实那是一种误导。它成功的主要因素，是弥补了大部分"非酷学生"的个性缺憾。

第一步，找出个性缺憾。

动感地带的目标顾客是 15 岁到 25 岁的年轻一族，其中以学生为主。他们是怎样的一群人？从心理特征来讲，他们追求时尚，对新鲜事物感兴趣，好奇心强、渴望沟通；他们崇尚个性，思维活跃；他们渴望拥有一片自己的小天地。事实上，作为学生这个角色，他们受到家庭和学校的双重约束，很多个性就无法展示出来，特别是年轻人都比较崇尚的"酷"字。这就是他们的个性缺憾。

第二步，弥补个性缺憾。

找到了问题的根源所在，解决方法就出来了。动感地带就是要"酷"，而且必须"酷"得恰到好处：不能够直接喊出"我很酷"之类的口号，因为标榜自己"酷"的行为恰恰证明他不够酷。

动感地带是如何"玩酷"的呢？它通过多种元素表现出来，即"酷"的典型情节：

典型口号。"我的地盘，听我的"，这一酷酷的、炫炫的口号一出来，就让动感地带"特立独行"的产品个性表露无余，尤其是带有一丝叛逆的感觉。

典型活动。中国大学生街舞挑战赛、寻找动漫M-ZONE人、嘉年华等活动，直接为顾客创造展示个性的舞台；各种体育竞赛活动、明星演唱会则把动感地带的个性推向高潮。

典型代言。当红偶像周杰伦，以极具个性的"周氏唱腔"在歌坛独树一帜。当他竖起一手指"玩转手机"的时候，更是将这种个性化、超酷的产品个性演绎到极致。

这些口号、代言与活动，很好地弥补了目标顾客的缺憾——我想酷，但是我并非表面之酷，而是酷在心里，酷得有内涵。通过动感地带的"酷"，目标顾客体验到了自己期望的角色。经过不断地、重复地体验，他们获得了极大的满足。

二、规范和引导角色的消费行为

每个角色都要遵守一定的行为规范。行为规范包括权利、义务与禁律，即允许行为、应该举止、禁止规范。精英人士喜欢佩戴劳力士，那是他们的权利；每到春节人们都要给亲朋好友拜年，那是人们应尽的义务；经商不能触犯法律法规，那是禁律。

一种行为规范只有被相应的角色认可，才能够让顾客在角色中潜移默化地重复这个行为，让此行为规范成为这个角色的象征，即典型情节。从而使行为规范与产品之间发生根深蒂固的联系，产生强烈的互动，真正实现"产品＝角色"。这有点像巴甫洛夫的条件反射。两样本来没有任何联系的东西，因为长期一起出现，以后只要其中一样东西出现，人们便无可避免地联想到另外一样东西，这是有机体因信号的刺激而发生的反应。例如厂家一直把"劳力士"与"精英人士"这两样本来没有任何联系的东西放在一起，时间长了，人们只要看到佩戴劳力士的人，就把他视为精英人士。于是，人们心里就形成"劳力士＝精英人士"这样的条件反射。

有人要问，是否需要把权利、义务与禁律和盘托出呢？答案是否定的。在信息爆炸的今天，您必须集中于某一点，让信息变得简单、深刻。在制订角色的行为规范之前，请把自己当作目标顾客，问自己三个问题：我有权利（允许）购买/使用这个产品吗？我有义务（应该）购买/使用这个产品吗？这个产品能够顺应某个禁律（禁止行为）吗？

哈根达斯，一种价格贵得离谱的冰激凌。一般的冰激凌都是几块钱，伊利、蒙牛5元以下，和路雪、明治也不过5元到10元，可是哈根达斯呢？单球38元、双球76元、迷你杯68元、脆皮条68元、品脱128元！相差数十倍！凭什么？仅仅是因为奶油多一点？

"我有义务购买这么昂贵的冰激凌吗？"在第一次和女朋友走进哈根达斯专卖店之前，男孩曾经这样问自己。"我有权利享受这么昂贵的冰激凌吗？"也许，女朋友也会这样问自己。

"爱她，就请她吃哈根达斯。"就是这样一句自信而甜蜜的广告语，道出了"你最珍贵"的真实情怀，吸引了无数追求时尚的爱人们的眼球，征服了无数沉迷于爱情中的恋人们。

实际上，这就是哈根达斯给情侣们制订的行为规范。"如果你爱我，就请我吃哈根达斯。"

就在男孩有些犹豫的时候，女朋友理直气壮发出"警告"：既然你爱我，我就有权利享受世界上最好的冰激凌！男孩还有选择的余地吗？爱她，就请她吃哈根达斯吧！这俨然已经成为一种义务！

哈根达斯贩卖的不仅仅是冰激凌，更重要的是赋予了顾客某种角色：情侣。正是因为赋予了这样的角色，价格就不再是最重要的因素了。因为爱情没有价位，哈根达斯已经超越冰激凌而成为爱的传达方式。正因为如此，情侣们反而更加疯狂地追逐着哈根达斯。

三、描绘角色使用产品的综合体验

每个产品都有它独特的体验，无法复制。通过独有的体验来描绘角色，更容易让顾客感受到"产品是为我量身定制的"。当然，前提是真实描绘这些体验，决不能弄虚作假，凭空捏造。只有真切体验过，才能把真实体验描绘出来，从而真正打动顾客。

角色体验的描绘，应符合如下几点要求：一是吻合性。例如"动感地带"的体验，绝不能说成"大众卡"的体验。二是真实性。体验本身不可能是虚构的，必须是这个角色确实能够体验到的，例如您凭空捏造毫无恋爱经历的人对哈根达斯的浪漫体验。三是画面性。目标顾客一看到产品体验的描绘，眼前就自动浮现出相应的画面，如同放电影。例如读到"古道，西风，瘦马；小桥，流水，人家"，您已经置身于其中了，那些画面如一幅长长的水墨画卷，在您眼前徐徐展开。四是可读性。对于体验的描写，绝不能像白开水一样索然无味。

左岸咖啡馆的文案是台湾奥美的作品。他们或许在法国左岸的咖啡馆里消磨了许多时光，体验那些文人墨客们曾经流连忘返的咖啡馆，享受那些咖啡一般的复杂心情。又或者，他们也如同旅人一般，只是在某个时刻，来到左岸咖啡馆，品尝那些如琴声一般优美的咖啡……要不然，怎么可能把咖啡馆的故事描写得如此绘声绘色？

每种体验，都是一部小电影，您是主角。在某个雨天，走在行人渐少的巴黎，您的心情也不知不觉被雨弄湿了。直到看见一对情侣拥着一把小伞从身边走过，您才意识到自己没有带伞，孤身一人在雨中走了很远——已经来到了塞纳河左岸！一下子，自己的灵魂变得脆弱不堪，一种淡淡的伤感涌上心头。还是让心情避避雨吧，您转身步入一家咖啡馆。一杯香浓无限的咖啡，肖邦的E大调练习曲《离别》的音符在咖啡上跳跃、呜咽，还有墙上那幅达·芬奇的《蒙娜丽莎》，在咖啡里对着自己神秘地微笑……您的心情一下子变得复杂起来，几分黯淡，几分明亮，您索性从书架上拿起西蒙娜·德·波伏娃的《第二性》……您不由自主地坠入咖啡时光里，久久不愿意回到现实。

究其原因，就是奥美把这些真实的咖啡体验，描写得形象生动，仿佛一切就发生在您面前，您仿佛已经闻到那咖啡的浓香，以及在咖啡上跳跃的音符。

您不相信？来体验一下吧。就在朴实的字里行间。

他从波兰来

旅行的人

总带着脆弱的灵魂

他在找一架钢琴

我看见他走进咖啡馆

想送给E大调，练习曲

他只点了一杯卡贝拉索

但爱情是交响曲

这个时刻

人来人往正以练习曲的步调

在我们之间进行

E大调练习曲

便成为离别曲

这是 1849 年之前的事

他是肖邦

我们都是旅人

相遇在左岸咖啡馆

她又要离开巴黎了

人们说

女子不宜独身旅行

她带着一本未完成的书

独坐在咖啡馆中

那是一种阴性气质的书写

她喝着拿铁咖啡与奶

1 比 1

甜美地证明着第二性

不存在

那香味不断地从她流向我

绝不只有咖啡香

这是 1908 年中的一天

女性成为一个主要性别

她是西蒙·波娃

我们都是旅人

相遇见在左岸咖啡馆

他带着微笑离开

在巴黎

微笑可以用法语发音

他说微笑的名字叫作

蒙娜丽莎

即使在安静的咖啡馆中

那笑

是无声的

一杯昂列

让周边有了热络的氛围

足以让歌手们、乐师门、丑角们

都为这一刻活了

我看着他

与他相视一笑

这是 1516 年

他带着蒙娜丽莎的微笑来到法国

他是达·芬奇

我们都是旅人

相遇见在左岸咖啡馆

第四节 强化产品角色，带给顾客积极的情感体验

具有震撼力的角色会让演员产生强烈的感情，无法自拔。如此角色甚至会影响演员的生活起居，左右演员的行为习惯。

在人们的记忆里，陈晓旭就是和"林妹妹"这个角色画等号的。陈晓旭20岁进入《红楼梦》剧组，饰演林黛玉。她将自己表面柔弱、内心刚烈的性格很好地融入林黛玉这个角色中去了，她的性格也打上了"林妹妹"的烙印。这种性格影响了陈晓旭的一生，几乎左右着她的一切行为。在日常生活中，陈晓旭经常会表情悲伤，甚至双眉紧锁，明显带有林妹妹忧郁的特征。有人甚至把她患病的主要原因都归结于此。南京某心理咨询师说："人的心灵和身体是相通的，如果一个演员一直沉醉于某个角色，那么她将忘记自己真实的生活身份，从心理角度看就可以称为失去自我认同感。林妹妹抑郁的性格导致了陈晓旭闷闷不乐的性格，这种性格并不

利于身体健康，长此以往，她得癌症其实并不奇怪。"

当然，这是极端的例子，但它能够很好地说明一点：好的角色能让人产生强烈的情感，并左右人的行为。在生活中，不知道您是否注意到了这样一种现象：女人心情不好就逛街，心情好也喜欢逛街。正如男人喝酒的理由一样，心情好，要痛饮；心情不好，要买醉。

一个朋友的老婆就是如此。一吵架就出去了——不是那种惊天动地的吵架。过一会就回来，心情好了，情绪也稳定了，是什么原因呢？后来才知道，她是去逛商场了。一看到那些漂亮的商品，她心里感觉就好很多，会产生一种积极情绪。如果还能买到称心如意的东西，吵架的事情肯定早就抛到九霄云外了。很清楚地记得，有一次朋友说她不注意穿着、不够时尚，结果把一向自认为时尚的她给气坏了。她气冲冲地一个人跑到百货商场，买了一套飒拉（ZARA）时装和一块斯沃琪（Swatch）手表，心情完全恢复正常，好像什么事情都没发生过。对于她而言，一套飒拉（ZARA）

时装和一块斯沃琪（Swatch）手表就是"时尚角色"的象征。在被别人说成不时尚的时候，这些产品恰好能够弥补这种缺憾——不仅能够在表面上带给她时尚的感觉，更能从内心里让她成为"时尚角色"，自然她的怒火就被平息了。从那以后，她就一直对一套飒拉（ZARA）时装和一块斯沃琪（Swatch）手表保持好感。

这说明，成功的角色产品能够给顾客带来积极的情绪。反过来，积极的情绪也能够强化这个角色。

一、积极快乐的情绪，驱使顾客产生购买欲

在合适的时候，赞美他人总是没错的，特别是女人。不知道您是否遇到过这种情况：和几个朋友走在大街上，一美女与您擦身而过，您禁不住发自内心地赞叹"哇，好漂亮!"——只要不是色眯眯的，她会回报您微笑。很多服装导购员就是这么干的。一旦女孩子试穿衣服，他们就会赞美女孩子们穿起来如何漂亮，如何凸显身材……哪个女孩子听到这种赞美，心里面不是美滋滋的？她们一高兴，手就毫不犹豫地伸向钱包。

美滋滋的，高兴，就是一种积极的情感。还有一种东西

叫作"情绪"，两者有什么区别与联系呢？情绪是情感的基础，当某种情绪不断重复，或者强烈到极点，就演变成了情感。人们通常说的"冲动性购买"就与当时的情绪有关。

在很饿的时候，您路过一家面包房，里面飘出阵阵面包的香味，让您产生一种兴奋的情绪，您毫不犹豫地冲进去，购买了一块香喷喷的面包——其实您原本是打算用吃饭来解决"温饱"问题的。重复几次这样的行为，您就可能对这家面包店产生一种依赖感。每到饥饿时，您都会不由自主地想到它。可见，积极的情绪能够促进顾客的购买行为。

在消费过程中，顾客可能产生哪些情绪呢？根据《礼记》记载，情绪可分为喜、怒、哀、惧、爱、恶、欲，即"七情"。到了近代，西方学者通常把情绪分为：快乐、愤怒、悲哀、恐惧。它们通常被认为是最基本的情绪形式或原始的情绪。在以上四种基本情绪的基础上，还可以派生出众多的复杂情绪，如厌恶、羞耻、悔恨、嫉妒、喜欢、同情等。

市场研究人员还针对特定的营销场景对情绪进行了分类，其中美国消费行为学者玛莎·瑞岑斯，提出了比较容易理解的16种情绪分类和度量标准，所用到的术语也是我们耳熟能详的词语，简单易行。玛莎·瑞岺斯认为，这 16 种情绪包括两个维度：一个是积极/消极程度，一个是内在/外在程度。

谁不希望自己快乐？谁愿意在消费过程中痛苦不堪呢？因此在消费时，我们都希望产品能够带给自己快乐/积极的情绪。

快乐/积极是一种追求并达到目的时所产生的满足体验。它是具有正性享乐色调的情绪，使人产生优越感、自由感和接纳感。例如，女孩子购买了一件非常合身而且很漂亮的衣服，心里一定很满足；在荒凉的旅途中，饥饿难耐，突然出现一户人家，送上一碗热腾腾的面条，您一定很兴奋，欣喜若狂。

事实上，快乐/积极的情绪能驱使您多逛逛，多花钱，多向朋友推荐，让您保持忠诚度。例如宜家，每次逛它，我们都会被它那极富创意的家具设计所吸引，再加上具有专业素养的促销员，诱人的美食……我们往往忍不住多逛一些时间，本来准备逛两小时，结果一下午都泡在那里了。心情很好，自然，购物车也不知何时被装满了。

相反，消极的情绪则能驱使您多抱怨，甚至激烈反应，发誓永远不再来这里，不买这个东西。笔者的一个朋友就曾经遇到这种状况，他有一次买了某知名品牌的祛痘产品，结果不但痘痘没消，反而长出了更多痘痘！最后去退货投诉，营业员的态度还十分恶劣，您说他以后还会买这个产品吗？

二、掌握情感承诺的要领，促进顾客买单

德国有一句很流行的话："轿车是德国人最宠爱的孩子。"事实上，德国人对自己的轿车是倾注了深厚感情的。一些人保养打理其汽车，甚至比对自己的孩子还尽心尽力。他们会给爱车起个小名，在散热器盖上画一双大眼睛，当车发"牛脾气"不愿行走时，他们会像哄孩子一样劝车配合。还有不少 IT 人士也是如此。他们与其笔记本电脑"朝夕相处，耳鬓厮磨"，最后把笔记本电脑称作"老婆"，上面装饰着自己最喜欢的贴图，键盘也重新"装修"一番，更是配上一个漂亮的电脑包当作其"外套"。一旦笔记本出故障了，他们的心里就会很难过……

这表明，顾客对心爱的产品是很容易产生感情的。如果厂家能够洞察这种情感，并具体地承诺给顾客，将产生无穷力量。这种情感力量远远超过利益承诺——有时候，利益承诺甚至可以忽略不计。毫无疑问，这将极大地促进产品销售。

要如何推销高价值的产品，比如价格昂贵的贺卡呢？

最简单、最直接的办法是宣传纸张最好、质量一流、主题艺术性强、装饰设计漂亮。但几乎所有的贺卡都是这么吹嘘自己的。那就以情动人——"我们传递幸福与开心！"可是，最便宜的贺卡也可以不折不扣地做到，用不着这么贵的东西。

贺曼贺卡（Hallmark）是怎么干的？它向顾客声称："When you care enough to send the very best（如果你真的在乎，就送最好的)！"实际上，这是在向顾客明确承诺：我们能够让收件人感觉到"你真的在乎他"。如果收件人收到的不是贺曼贺卡，他会怎样想？"难道我不配收到一张贺曼贺卡？你真的不在乎我了？"

这是一种情感承诺，表达了送礼者对收礼者的一片真情。这也是一种社会价值观，一种收礼者对送礼者是否真心的判断。一旦情感承诺与社会价值观相结合，促进顾客买单的力量就会倍增。也正是因为如此，贺曼贺卡的价格比普通贺卡贵了数倍，却并没有阻碍它广受欢迎。

在我们身边，这样的例子还有很多：

"钻石恒久远，一颗永留传"，让我们忘掉浮

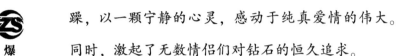

躁，以一颗宁静的心灵，感动于纯真爱情的伟大。同时，激起了无数情侣们对钻石的恒久追求。

"我不认识你，但我谢谢你"，以输血患者的口吻说出来，简单朴实，让每位向红十字会捐过血的爱心人士都深深感动，同时也感染了那些即将捐血的爱心人士。

美加净护手霜，"就像妈妈的手温柔依旧"，让我们的内心世界能翻起阵阵涟漪，觉得美加净真的就像妈妈的手一样，温柔地呵护自己。

"孔府家酒，让人想家"，把人们对家的细腻情感演绎到极致。

是不是所有的情感承诺，都像贺曼贺卡一样有效呢？非也。有的产品并没有真正掌握情感承诺的要领，导致情感承诺僵硬，没有可信度，让人觉得虚伪、做作，让顾客无法接受。

怎样的情感承诺才更有效呢？

明确性。爱情需要表白，不然就会错过一段美好姻缘。对于产品也是一样，必须明确承诺顾客，才不会错过和顾客牵手的机会。

价值性。情感承诺应当与社会价值观相吻合，帮助顾客避免某种负面的情感，让顾客感觉自己的行为与社会价值观是一致的。如贺曼贺卡，它让顾客表现出"真的在乎"。

可信性。情感虽然是看不见摸不着的东西，但也不能胡乱承诺，让顾客摸不着边际。

独特性。别人承诺快乐，您承诺高兴，那就是拾人牙慧，陈词滥调。您只有在所有同类中独占某种情感，才能脱颖而出，从而将这种情感与自己的产品画上等号。例如当所有人都在夸自己的凉粉如何如何好吃，吃得高兴、开心，有人却独树一帜，推出"伤心凉粉"，立刻脱颖而出，一时间大卖特卖。

三、从顾客角色内心出发，强化炽烈的情感

情感的力量是无法估量的。血浓于水的亲情，心有灵犀的友情，坚贞不移的爱情，哪一种情感不惊天地、泣鬼神？

有人说情感是灯，在漫无边际的夜晚，它是亲人的一道目光；有人说情感是帆，在风起云涌的日子，它是友人的一双大手；有人说情感是鸥，在波涛阻断的陆地，它是爱人的一声呼唤。我们说，情感是寂寞时分破窗而入的蝴蝶，情感是雨过天晴悬挂天边的彩虹，情感是重逢时刻涨潮的视

线……瞬间就能让人感动不已。情感如火，几十万年的冰川也能融化；情感似水，多么坚固的大堤都能冲垮。

一句核心标语把情感演绎到极致

有时候，只是一句感人肺腑的话语，就能把情感演绎到极致。您一定记得泰戈尔的诗《世界上最远的距离》，一开篇就是那句能够点燃您内心情感的经典名句：

世界上最远的距离

不是生与死的距离

而是我站在你面前

你不知道我爱你

于是有人把它稍作修改，运用到商业上："世界上最远的距离，不是天涯海角，而是我就站在你面前，你却不知道我爱你。"直接把情感推向高潮，让人永生难忘。

麦当劳，从"时刻充满欢笑"到"我就喜欢"，从六个字变成了四个字，麦当劳把对消费者的情感进一步浓缩，直接激发了小孩子的个性追求——"我就喜欢"。

李宁体育用品公司，也许是在阿迪达斯"没有不可能"的基础上推陈出新，打出了"一切皆有可能"的口号，同样演绎出"挑战未来"的无限可能，这也成为与消费者进行情感沟通的经典案例。

很多时候，您就是被某一句话所感动，同时提醒了您的角色担当。这种感动不一定让您热泪盈眶，但一定会深深触动着您的内心。

蕴涵于核心文案里面的浓浓情意

核心标语，只是情感的"导火线"。它往往无法把细腻的情感完整地表达出来，无法把情感演绎得淋漓尽致。您必须多花点笔墨，深刻洞察目标顾客的情感，用细致入微的笔触，为"导火线"准备一个重量级的"情感火药包"——核心文案。

当然，感人的并非那些文字本身，而是蕴涵于字里行间的浓浓情意。请不要臆造某些情感，最真实的情感无需任何矫饰——无需华丽的文字，无需缤纷的色彩，更无需夸饰的表现形式——只需从顾客角色内心出发！

三峡，在您的记忆中是怎样的？是"两岸猿声啼不住"，"滚滚长江天际流"？还是"高峡出平湖"？是的，这些都是长江三峡一带的景色，但都不是驱使您去看三峡的原因。

记得有位作家曾经说过，如果要向外国朋友推荐中国的旅游名片，一定是长江三峡。然而，自从大坝建立之后，长江三峡似乎逐渐淡出人们的视线了。该如何让长江三峡回到人们的目光中？

对了，谈情感！把长江三峡当作一位老朋友！一位难以割舍的老朋友！

久违了，三峡

我没有见过你，

因为我想不起你的样子，

我只记得李白吟醉的诗行，

还有刘备苍凉的马蹄。

我好像见过你，

我记得神女回眸的一瞬，

还有纤夫嘹亮的号子，

可是，你在哪里？

在我的梦里？

在我的脉搏里？

是的，我想去看你！

久违了，三峡！

三峡，久违了！

是啊，当大坝建起来，三峡就被滚滚长江水淹没了，尘封于人们的记忆中。然而，作为中国的旅游名片，作为中国人最重要的一个精神情结，更重要的是作为游客的老朋友，如何能够从人们的记忆中抹去？可是，该如何唤起人们对三峡的记忆、向往，以及曾经浓浓的情意呢？三个字"久违了"，仿佛多年未见的老朋友，今天重逢了，依然那般亲切！

继续看核心文案，每一个字符都仿佛在跳跃，饱含着一种浓烈的思念情绪，让您为之动情，久久无法平静。仿佛一切都历历在目，高峡、平湖、猿声、诗人、嘹亮的号子……

如果您去过三峡，那曾经的一幕一幕如电影般浮现在眼前；如果您没去三峡，电视里常看到的画面也将涌现出来……

可是，三峡啊，您现在怎样？您在哪里？在梦里，在每一次心跳的脉搏里？

是的，去没去过三峡已经不重要。重要的是您已经被打动了！您心中的那根弦被拨动了：三峡，我想去看您！

第三章 塑造产品角色，激发顾客想象力

第四章

扩大产品影响，让顾客形成习惯

顾客忠诚度是品牌资产中最受高估的一个指标。在理论上，每个品牌都想拥有忠诚的顾客，但是在实践中，顾客忠诚度的含义是什么呢？

在实践中，顾客忠诚度意味着顾客即便能够以更低的价格（或者更高的品质）购买同样的产品或服务，他们还是愿意购买品牌产品（品牌专家给了它一个很诱人的词汇——品牌溢价）。

其实，"忠诚"两个字太厚重了，一般品牌是无法承受、担当不起的。忠诚是一种责任，是一种义务，是一种操守，是一种品格。忠诚是不允许有任何一丝的背叛——对某个品牌从一而终的人，毕竟不会太多。

事实上，您更多的是习惯于使用某个产品——"习惯"而已。您几乎每天都使用高露洁牙膏，那并不是您忠诚于高露洁牙膏，而是一种习惯。因为您在刷牙时根本不会想到"忠诚"两个字——如果身边只有佳洁士，您就不刷牙了？您一直使用玉兰油润肤露，那也不是您忠诚于玉兰油，也只是一种习惯罢了。因为擦脸时，您脑子里不会出现"忠诚"二字——如果身边只有欧莱雅，您不擦脸了？但是，企业往往把这种习惯误以为是忠诚，还引以为豪，吹嘘不已。于是乎，各种以"忠诚"为名义的品牌假象就出现了：产品才上市没多久，就开始设计所谓的"品牌忠诚度"策略，还没谈恋爱就企图与顾客"结婚""生孩子"。毫无疑问，"忠诚"终于成为泡影。

对于大多数产品，您不能要求顾客"忠诚"，只可要求顾客"习惯"。因为习惯会深深影响顾客，让顾客自动购买并使用您的产品。这种习惯的影响，让产品销售变得更简单，这就是"产品影响力"。可是要如何让产品影响力更加强大，更加持久呢？记忆点，生命线，接触面，是构成产品影响力的三要素，也是帮助消费者养成习惯的基本保障。

第一节　习惯令人无法抗拒

"习惯是人的第二天性，一旦养成终生难以改变。"日本著名思想家福泽谕吉曾经这样说过。美国著名心理学家威廉·詹姆斯也有一段名言：播下一个行动，收获一种习惯；播下一种习惯，收获一种性格；播下一种性格，收获一种命运。

习惯，无时无刻不在影响着我们的思想、左右着我们的行为。人们常说"习惯成自然"，其实是说"习惯是一种省时省力的自然动作"。习惯，就是不假思索地、自觉地、经常地、反复去做的事情。人们每天要刷牙洗脸，饭前便后要洗手，是习惯。人们高兴时手舞足蹈，胜利时眉开眼笑；人们伤心时诅咒命运不公、失败时慨叹时运不济等，都是习惯。

对"习惯"一词，《现代汉语词典》是这样解释的："常常接触某种新的情况而逐渐适应；在长时期里逐渐养成的、一时不容易改变的行为、倾向或社会风尚。"习惯是一种程序化了的行为、思维和感情模式，强烈地影响着人们。现实中，几乎任何行为都可能成为习惯。勤劳会成为习惯，懒惰会成为习惯，微笑会成为习惯，沉默会成为习惯，害怕会成为习惯，思念会成为习惯，甚至连爱也会成为一种习惯。

当然，您对某一件产品的使用也可能成为习惯，此即"消费习惯"。洗面乳，有的人习惯于使用泡沫型的，有的人习惯于使用乳液型的；咖啡，有的人习惯于喝无糖的，有的人习惯于喝有糖的；可乐，有的人习惯于喝可口可乐，有的人习惯于喝百事可乐。事实上，习惯无时无刻不伴随着您，它们逐渐由意识的控制转向自动化。这些自动化了的习惯始终左右着您的行为，让您的工作与生活变得有规律。

许多事实表明，如果程序化了的习惯被干扰，就会使您

忧心忡忡。您一直都习惯于使用泡沫型洗面乳，如果某一天只能临时改用乳液型的，您就总会觉得脸洗得不够干净，感觉不够舒适。您一直都习惯于喝不加糖的苦咖啡，如果某一天服务生端来的咖啡加了糖，您就总会觉得这咖啡不够香，味道不够好。您一直都习惯于比较甜的可乐，如果某一天您只能喝味道淡一些的可乐，您就总会觉得这种可乐缺少一点味道。可见，一旦顾客对于某个产品的使用习以为常，就难以改变，影响深远。我们就是要通过对顾客消费习惯的培养和强化，来提升产品影响力。

一、消费习惯的共同点

虽然每个人都有自己的消费习惯，各式各样，千变万化，但总结起来，所有的消费习惯都具有如下共同点：

1. 简单性

最简单的东西，往往是最基本且最重要的东西。消费习惯并不深奥，常常很简单，就是坚持不懈地重复某一个动作。绝对伏特加，年复一年坚持突出它的酒瓶，让人们把伏特加和它的酒瓶画上等号。消费习惯，贵在坚持。

2. 自然性

自然就是不假思索、自然而然的行为，这是消费习惯的一个重要特点。"青岛。"假如您习惯于青岛啤酒，在餐厅您会脱口而出。消费习惯就是如此自然。

3. 后天性

习惯不是先天遗传的，而是在后天的环境中习得的，消费习惯也是如此。只是消费习惯形成的难易程度有些不同。有的消费习惯是很自然、不费什么功夫就形成的。农夫果园提倡"喝前摇一摇"，这是动作性习惯——自动化了的身体反应和行为动作比较简单，很容易形成。有些是智慧性习惯，涉及思维方式、情感反应和心理反应倾向方面的内容，比较难形成，需要长期、反复的刺激。牛奶搭档，为什么喝牛奶要搭档？这涉及思维方式——因为牛奶搭档能帮助牛奶营养吸收，只有反复进行刺激，才能让顾客形成"喝牛奶要搭档"的习惯。

4. 可变性

消费习惯是一种定型行为，一旦形成就难以改变，但这并不是绝对的。即使是已经形成的很牢固的消费习惯，也能发生改变。当然，这需要极强的刺激和较长的时间来克服惯性的力量。

5. 情境性

消费习惯是在相同情境下出现的相同反应。养成某种消费习惯的人，一旦到了某种特定场合，消费习惯就会表现出来。到了电影院，人们就会很自然地习惯于享受爆米花。吃牛奶搭档的时候，目标顾客会习惯性地把手伸向牛奶。下午 3 点 15 分，目标顾客会习惯于享用"三点一刻"下午茶。

二、形成消费习惯的内因和外因

心理学家研究发现，习惯的形成是有章可循的。从形成过程来看，一般分为四个阶段：被动、自发、自觉、自动。从形成因素来看，需要内因和外因的相互作用。

内因就是要唤起顾客的欲望，让顾客从内心对产品产生需求，这一点在前面几个章节已经详细阐述，在此不再赘述。外因是本章要阐述的重点，主要包括如下三个方面：

记忆点：通过记忆点的强化，巩固顾客对产品的消费行为。

生命线：通过新顾客、新品类、新级别等"新策略"，与顾客密切关联。

接触面：通过情境接触、复合接触、朴素接触等拓宽接触面，让顾客觉得产品无处不在。

消费习惯形成的内因与外因，在不同阶段所起的作用是不同的。为了便于理解，我们做一个简单的消费习惯形成模

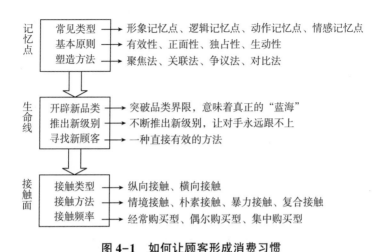

记忆点	常见类型	→ 形象记忆点、逻辑记忆点、动作记忆点、情感记忆点
	基本原则	→ 有效性、正面性、独占性、生动性
	塑造方法	→ 聚焦法、关联法、争议法、对比法
生命线	开辟新品类	→ 突破品类界限，意味着真正的"蓝海"
	推出新级别	→ 不断推出新级别，让对手永远跟不上
	寻找新顾客	→ 一种直接有效的方法
接触面	接触类型	→ 纵向接触、横向接触
	接触方法	→ 情境接触、朴素接触、暴力接触、复合接触
	接触频率	→ 经常购买型、偶尔购买型、集中购买型

图4-1 如何让顾客形成消费习惯

型。以牛奶搭档为例，我们对模型进行说明。

被动阶段。顾客对于产品是被动接受。一开始人们并没有认识到空腹喝牛奶的危害性，加上牛奶搭档（消化饼）口味不好，人们并不喜欢它，只是尝试性购买，并没有形成真正的需求。此时，外因作用大于内因作用，即注意激发顾客的内在需求。

自发阶段。牛奶搭档通过"空腹喝牛奶不容易吸收，可能引起乳糖不耐症，导致腹痛、腹泻等状况"提醒顾客，让顾客认识到空腹喝牛奶的害处。在不断的善意提醒下，顾客就会强烈意识到这一点，开始在喝牛奶的时候食用牛奶搭档。此时，外因与内因的作用并重。

自觉阶段。坚持了一段时间以后，不需要牛奶搭档的提醒，为了避免空腹喝牛奶，顾客在喝牛奶的时候，会自觉地食用牛奶搭档。此时，内因作用大于外因。

自动阶段。再过一段时间，顾客几乎不需要任何提醒，只要喝牛奶就会吃牛奶搭档，成为一种自动的行为，即形成了习惯。此时完全是内因作用，只是人们并没意识到而已。

第二节 / 营造产品记忆点，形成顾客消费习惯

每个人心里都有一些抹不去的记忆，或正面的，或负面的。提到屈臣氏水，您立刻想起了它那优美的、曾经深深吸引到您的瓶子；提到海底捞火锅，您立刻想起了它那又麻又辣、让人欲罢不能的鲜香味道。正是因为优美的瓶子、麻辣味道，已经藏于您的记忆深处，难以忘怀，所以想喝水时，您就会习惯性地想到屈臣氏；想吃火锅时，您脑海里就习惯性地冒出海底捞。独特的记忆点，将对顾客产生深远的影响。

消费习惯的形成，也是从顾客对产品的记忆开始的。如果您的产品根本无法进入顾客的大脑，即使在您希望的场

合，顾客也不可能想到您的产品，更不可能使用您的产品，如何谈得上消费习惯？提到施乐，您记得的是复印机，您想得起来它也有过电脑吗？提到海尔，您记得的是家电，您想得起来它也制药吗？提到三九，您记得的是制药，您想得起来它也卖过啤酒吗？尽管是大牌，但人们对施乐电脑、海尔药、三九啤酒没有任何记忆点。因此，人们在购买电脑、药、啤酒时，不会想起施乐、海尔、三九。

绝对伏特加，人们的消费习惯是从那个极具特色的酒瓶开始的。在您的脑海中，是否也有一些难以忘怀的产品，并深深影响着您？百事可乐？蓝色的包装完全与可口可乐不同，动感清凉？海飞丝？第一个提出去头屑的洗发水，只要有头屑就想起它？正是因为这些记忆点，导致它们深深影响着您的生活与工作。正是这种影响让您不断地买单，时间长了就成为一种消费习惯。可以说，是记忆点催化了消费习惯的形成。

在激烈的市场竞争中，每个企业都力图使自己的产品广为人知，深入人心。为此他们想尽法子，用尽手段。但对顾客而言，面对如此众多产品，要让他们记住其中的某一个并非易事，更别说印象深刻。定位大师特劳特曾经说过，在信息爆炸的今天，顾客的大脑就像吸满了水的海绵，要想让他记住您，必须要挤掉其中一些水分。

产品与顾客的大脑进行着一场激烈的战斗。前者竭力要在后者中建立起信息据点，而后者则不懈地排斥无用的信息。前者要如何才能占有一席之地？

一、每个成功的产品都有记忆点

有记忆点的产品不一定成功，但没有记忆点的产品一定不会成功。每个成功的产品都具有成功的记忆点，各式各样，多姿多彩。

成功的记忆点都具有共同之处、有章可循，不是随便制造出来的。它们都是根据人类记忆的特点设计出来的，能让您终生难忘。农夫山泉，您记住了"有点甜"，后来有"搬运工"，现在又有了"弱碱性"。乐百氏，您记住了"27层净化"。奥利奥，您记住了"扭一扭，舔一舔，泡一泡"。纳爱斯，您记住了"妈妈，我能帮您干活了"……

根据记忆内容，结合心理学知识，所有记忆点都可以归纳为四类：形象记忆点、逻辑记忆点、动作记忆点、情感记忆点。

形象记忆点，就是把感知过的事物形象作为内容的记忆，包括各种感觉。很多时候，您突然把某个人的名字给忘记了，但是您往往还记得这个人的形象——"我忘记他的名字了，我只知道他高高的，瘦瘦的，戴着一副眼镜，说话很有磁性……"一般情况下，名字没有人的外貌特征那么容易记忆，除非名字很特别。

生动形象的事物容易理解和记忆，所以人们喜欢用形象的事物来比喻抽象的东西：像蜂蜜一样的"甜"，像玫瑰一般的"香"，像苹果一样"红红的"脸蛋……很多切身感受过的东西，您可能永生难忘。第一次去黄龙、九寨沟，您就被那五彩斑斓的海子所震撼，一定永记在心。人们都喜欢形象的东西，写文章如此，做产品、写文案更是如此。

"生活中没有绝对，但在伏特加中有"就是绝对伏特加的经典广告语。在营销界，80%的人都认为，让绝对伏特加成为经典的原因是一系列个性化的广告。在我们看来，这完全是一场美丽的误会——请问，广告里最重要的元素是什么？那个永恒不变的、极富个性的酒瓶！为什么卖酒的，不突出里面的酒呢？

看看伏特加酒是怎样的酒。它以谷物或马铃薯为原料，经过蒸馏制成高达95°的酒精，再用蒸馏水淡化至 40°~60°，并经过活性炭过滤，使酒质更加晶莹澄澈，无色且清淡爽口，使人感到不甜、不苦、不涩，只有烈焰般的刺激。可以说，除了"刺激"之外，伏特加酒再无其他明显特性。因此，绝对伏特加无法以口味、口感制胜。既然酒本身难以突破，那该从哪里入手？做品牌也许是一条不错的出路？估计 80%的人会这么认为，品牌专家们也是这么说的。可是，虚无缥缈的品牌该如何落到实处？做铺天盖地的广告吧，强迫顾客喝伏特加？那"绝对"不是一个好办法，因为 80%的顾客不喜欢被强迫。况且，广告也必须要能够打动顾客——如何打动顾客？没有办法的办法，只能去强调那个酒瓶！

来自创意之国瑞典的绝对伏特加，"绝对"够创意。当竞争对手都在强调自己是正宗的俄罗斯伏特加时，绝对伏特加另辟蹊径，通过极富创意的酒瓶，为绝对伏特加披上了一条个性化的面纱——它发现人们喝伏特加不仅仅是享受那烈焰一般的火辣感觉，而是把这当作一种态度，一种自信，一种个性，一种品位。关键的关键是，绝对伏特加敢于并且始终把酒瓶放在第一位。

这是怎样的一种酒瓶，居然比里面的酒还重要？这是一种特殊的颈长肩宽的酒瓶，在其透明的瓶子上直接印刷标签内容，取代当时普遍流行的用纸标签。这需要过人的胆识，因为在当时这是与市场的整体发展趋势相悖而行的。

要知道，连当时的广告专家、品牌专家看到这种丑陋的瓶子后都是大摇其头的。尤其是 1978 年美国一家公司为它做进口代理进行市场调查时，也得出了和专家们一样的结论：绝对失败。原因就是外形的丑陋加上透明的玻璃印上文字，使原本看起来容量就不大的酒瓶，更加显得量感不足。专家们坚信：人们买酒就是要喝里面的酒，希望得到更多的酒。还好，绝对伏特加并没有完全听信于专家，而是坚持保留这一独特酒瓶。

事实终于狠狠地教训了那些"绝对"自以为是的专家们：今天，那个酒瓶已经成为绝对伏特加最重要的元素。当然，那个酒瓶也成为绝对伏特加最重要的个性化形象。正是因为它，我们深深记住了绝对伏特加。

逻辑记忆点，就是把概念、公式和规律等逻辑思维过程作为内容的记忆。您不会忘记那些有思想、有逻辑的东西，如"一年之计在于春，一天之计在于晨""冬天已经来临，春天还会远吗？"……在商业上，这种逻辑性的记忆点被运用得最多。乐百氏的"27层净化"，把"纯净"两个字表现得淋漓尽致。农夫山泉的"有点甜"，一个"甜"字，把农夫山泉的水质演绎得恰到好处。

动作记忆点，就是把做过的动作或者运动作为内容的记忆。如果您会自行车，即使十年都没有碰过自行车，您照样记得骑自行车的动作。动作的确是比较容易让人记住的，所以一些运动饮料干脆直接把动作用作品名，并且在市场上取得了良好的效果。运动饮料"脉动"，第一个"动"到人们心里，取得了不错的成绩。当然，最经典的动作记忆点，莫过于奥利奥的"扭一扭，舔一舔，泡一泡"。

　　奥利奥1912年诞生于美国，一个多世纪以来在美国市场长销不衰。来到大中华区后，以其"扭一扭，舔一舔，泡一泡"的吃法，迅速成为中国销量最高的奶油夹心饼干之一，至今依然销量不俗，令人称奇。虽不能说是这三个动作造就了奥利奥饼干的好味道，但这个吃法一时间蔚然成风。我们也因此记住了它。

您不一定真的就这么吃，也许从来都没这么吃过。可是，您为什么能够记住这三个动作呢？其一，没有任何其他饼干这么干过，奥利奥是唯一提倡这样吃法的饼干。其二，这种吃法让人感觉到很有乐趣，只是这么简单的"扭一扭，舔一舔，泡一泡"，就把简单的吃变得有意思，让孩子们竞相模仿，乐在其中。其三，这三个小动作都非常简单，三岁小孩都能做到。

是啊，就这么三个小动作，让奥利奥脱颖而出。它没有像其他饼干一样自吹自擂，宣传自己的味道是如何如何地好，而是通过吃法把奥利奥饼干的"味道"完美地演绎出来。这里的"味道"，包含了两层含义：饼干的味道；吃法的趣味。

现在，给您一瓶果汁饮料，相信您首先要做的就是"喝前摇一摇"。这种做法源自一个经常被用作消除饮料沉淀的方法，"如有沉淀，属正常，请摇匀后再喝"。农夫果园这轻轻一"摇"，"摇"成了一种时尚的喝法，同时也"摇"成了农夫果园自己最重要的一个记忆点。

事实上，"喝前摇一摇"不仅仅是一个简单的动作而已。这是在暗示，农夫果园的浓度高于普通果汁饮料，是对30%果汁浓度最好的诠释。这也体现出农夫果园的一种真实感和厚重感，更代表了一份实在和深情。我们不得不承认，这是农夫果园的高明之处。

农夫果园的这一"摇"可不简单。它也是产品销售的一个卖点，是非常有效的记忆点。从更深的层面上来说，这一摇，"摇"出了新的行业规则，"摇"出了对人性最真实的关怀，"摇"出了顾客选购产品的瞬间心理，"摇"出了对顾客消费行为的精彩演绎。这一摇，也使"农夫果园"系列产品销量扶摇直上，将已经诸侯割据的果汁市场"摇"得硝烟滚滚，重排座次。无疑，这注定成为果汁历史上最出色的一"摇"。

情感记忆就是把体验过的情绪和情感作为内容的记忆。可口可乐前总裁曾经这样说过："你不会发现任何一个国际品牌，不包含一种伟大的人类情感。"不仅仅品牌如此，很多产品也正是采取"动之以情"的方式，对顾客心理产生某种强烈冲击，引发某种感情、情绪，进而产生适当的反应，包括认同、共鸣、喜欢、模仿。

情感记忆点一般都具有人情味，它让顾客产生好感并乐于接受该产品。事实上，可利用的情感因素很多，如爱情、亲情、乡情、友情、怀旧、伤感、美感、欢欣、浪漫、幽默等，就看您如何去发掘。麦当劳的情感记忆点是"欢乐"的，让人愉悦。纳爱斯的"我能帮妈妈干活了"，属于亲情，催人泪下。哈根达斯的"爱她，就请她吃哈根达斯"，用爱情征服了无数情侣。这些情感体验，都深深打动着顾客，令人难以忘怀。

近年来，微信拜年日益流行，贺卡在我国显然已经过时。但在太平洋彼岸的美国，人们仍喜欢用贺卡互致问候和祝福，贺卡每年的销量可达 65 亿张，其中贺曼贺卡占美国贺卡市场 51% 的份额。是什么原因让贺曼贺卡在人们的记忆里根深蒂固？是他们自己认为的"富有创意""品味高雅"，还是"文辞优雅"？

　　您会因为"富有创意"而购买贺曼贺卡吗？事实上，贺曼贺卡的设计是最普通的。普通的纸张，比一般贺卡看起来质感更差一些；普通的版面，没有花里胡哨的画面设计，它甚至连一张填写祝福语的白纸都不提供；普通的功能，它没有音乐，它没有灯光，看起来甚至有些单调。更令人不可思议的是，它的价格却不普通，比一般贺卡高出几倍！

　　您会因为"品位高雅"而购买贺曼贺卡吗？一张小的贺卡，难以体现出多么"高雅"的品位。请问各位读者，您有听过这样的说法吗——"嗨，买的是贺曼贺卡，品位高雅啊！"如果贺曼贺卡有品位，别的贺卡看起来似乎比贺曼贺卡更有"品位"：用纸更特别，版面设计更特别，更会针对不同的地域设计个性化的主题……

　　您会因为"文辞优雅"而购买贺曼贺卡吗？没错，这正是贺曼贺卡与其他贺卡之间的最大区别。贺曼公司发现，送卡人虽然有心利用贺卡来表达自己的情感，但是他们中的绝大多数人却并不擅长文字写作；还有不少人，因为过多地使用电脑，或者不注意书法练习，书法实在糟糕，根本拿不出手，自己写了送给别人实在有失脸面。

于是，贺曼公司找来了一群不同风格的文案高手，根据相关节日、场合撰写各种精彩的文案，满足了送卡人的需求。尽管贺曼贺卡贵一点，人们还是可以接受。更何况，随着信息化时代的到来，一般人都习惯于通过电话、电子邮件等更方便快捷的方式来进行沟通，贺卡似乎距离人们的生活越来越远了——人们一年都难得送出几张贺卡，干吗不送最好的？

也正因为如此，您毫不犹豫地选择了贺曼贺卡。提到贺卡，人们就会想起"最好的"贺曼。

二、塑造产品记忆点的原则

有原则就不会自乱方寸，自乱步伐。有些人为了让顾客记住他的产品，硬生生地编造出一个记忆点，结果可想而知。

可见，人们对于记忆点的塑造还是存在很多误区的。在此，我们有必要把记忆点的塑造原则确定下来：有效性、正面性、独占性、生动性。

1. 好的记忆点要具有有效性

每个人都认识"有效性"这三个字，甚至经常挂在嘴边，可是一到关键时刻，策划大师们往往把它抛到了九霄云外，只想着如何让顾客记住产品，本末倒置。于是，就出现了很多花哨的记忆点，只重形式，不重效果。

如何保证记忆点的有效性呢？到目前为止，最好的办法就是让"记忆点"与"卖点"关联起来，合二为一。当然，您首先要保证"卖点"的有效性。

2. 好的记忆点应该是正面的

对于一个即将面对千百万顾客的产品来说，其关键的记忆点绝不能有一丝负面影响。因为市场是超级放大镜，即使是 0.1 的负面信息，都可能被放大到 100、1000 倍，那时候要扭转局面就必须付出 100、1000 倍的代价，更严重的可能永远无法弥补。也许有人说，就是要引起争议，才能尽快提高产品知名度，人家才可能记住您。没错，可是争议性话题往往处于正面与负面之间的边缘地带，一般情况下容易走到负面去——俗话说得好，"好事不出门，坏事传千里"，一旦处理不好就可能"臭名远扬"。

3. 好的记忆点要具有独占性

您喊了半天，顾客也记住了您，但结果是人家在卖货，您愿意吗？所以，记忆点一定要具有独占性，瞎喊等于白喊。

1992 年，珠江纯生在全国率先推出纯生啤酒。与普通啤酒相比，纯生啤酒不经过巴氏杀菌或瞬时杀菌，避免了热因素对啤酒风味物质和营养成分的破坏，体现出"鲜、纯、生、净"的特点，更有益于啤酒消费者的健康。"纯生"两个字，开启了一个啤酒新时代——在所有厂家都在"熟啤"中混战的时候，"纯生"意味着一种全新的啤酒品类，与众不同，脱颖而出。在华南，"纯生"几乎就是指"珠江纯生"。可是，这种状况能维持多久呢？

纯生啤酒，不属于任何一家啤酒厂。纯生啤酒，诞生于 20 世纪 70 年代的日本。作为一种啤酒品类，任何一家啤酒厂生产的啤酒只要符合要求，都可以称为"纯生啤酒"。因此，珠江纯生的"纯生"二字不具有独占性，尽管珠江纯生制造了中国第一瓶纯生啤酒。随后，青岛、雪花、燕京等巨头也理所当然地推出了"纯生啤酒"。金威、雪津等

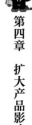

地方啤酒也推出了"纯生啤酒"，一时间"纯生啤酒"席卷了大街小巷。

作为一种地域性很强的产品，珠江啤酒只是在华南具有一定的优势，在全国范围内的影响力远远不如青岛、燕京、雪花；在某些特定区域范围内，也远远不如当地产品。因此，在大多数地方，"纯生"都不是指"珠江纯生"——在北京等地，您可能只记得燕京纯生；在青岛、济南等地，您可能只记得青岛纯生；在深圳，您可能只记得金威纯生……

4. 好的记忆点应该是生动的

一个好的记忆点，应该是具体的、生动的。没有人能够记得平淡如水的东西，一定要有点味道。"卓越品质、尊贵享受"和"在时速60英里的时候，劳斯莱斯汽车上最大的噪音来自电子钟"，您能记住哪个？"注重品质"与"经过128道检测工序"，您能记住哪个？毫无疑问，是后者。

三、创造深刻记忆点的窍门

农夫山泉，为何让您觉得好像真的"有点甜"？纳爱斯，为什么要让孩子说"妈妈，我能帮您干活了"？塑造记忆点，有什么诀窍吗？

1. 把信息聚焦才能点燃顾客的记忆

聚光镜，它把光线聚集到一个点上，能够点燃火柴。对于记忆点，也是如此，您别期望顾客能记住所有信息。只有把信息聚焦，才能点燃顾客的记忆。

相信很多读者都记得大卫·奥格威著名的"劳斯莱斯轿车"广告，尽管每一本广告教科书都会引用这个案例，但没有一本能够完整地引用广告文案。他们争相引用的只是那个经典的标题："在时速 60 英里的时候，劳斯莱斯汽车上最大的噪音来自电子钟。"它表面说的是"噪音"，实际通过"60 英里/时车上的噪音问题"，聚焦了劳斯莱斯汽车的总体性能与核心性能——发动机的稳定与卓越。

可是，奥格威列举的 19 条充满数字、个性鲜明的证据就不重要吗？可能是因为教科书的编者认为一般读者并不在意那 19 条证据。所以他们只列举高度聚焦的广告标题。实际上，除标题以外的 19 条证据，也是某个方面的聚焦。它们完全可以成为精彩的记忆点，超越市面上千篇一律的汽车广告。

因此，我们不该吝啬，有必要把奥格威的 19 条证据都罗列出来：

（1）据行车技术主编报告，"在时速六十英里时，最大闹声是来自电钟。引擎是出奇的寂静，三个消音装置把声音的频率在听觉上拔掉"；

（2）每个"劳斯莱斯"的引擎在安装前都先以最大气门开足七小时，而每辆车子都在各种不同的路面试车数百英里；

（3）"劳斯莱斯"是为车主自己驾驶而设计的，它比（其）国内制造的最大型车小 18 英寸；

（4）本车有机动方向盘，机动刹车及自动排档，极易驾驶与停车，不需司机；

（5）除驾驶速度计之外，在车身与车盘之间，互用无金属之衔接。整个车身都加以封闭绝缘；

（6）完成的车子要在最后的测验室经过一个星期的精密调整，在这里分别受到 98 种严酷的考验。例如，工程师们使用听诊器来注意听轮轴所发出的低弱声音；

（7）"劳斯莱斯"保用三年。已有了从东岸到西岸的经销商及零件站，在服务上不再有任何麻烦了；

（8）著名的"劳斯莱斯"引擎冷却器，除了

"亨利·莱斯"在1933年死时，把红色的姓名第一个大写字母RR改为黑色外，其他从来没更改过；

（9）汽车车身之设计制造，在全部十四层油漆完成之前，先涂五层底漆，然后每次都用人工磨光；

（10）触动在方向盘柱上的开关，你就能够调整减震器以适应道路状况（驾驶不觉疲劳，是本车显著的特点）；

（11）另外有后车窗除霜开关，控制着1360条看不见的在玻璃中的热线网。备有两套通风系统，因而你坐在车内也可随意关闭全部车窗来调节空气以求舒适；

（12）座位垫面是由八张英国牛皮所制——足够制作128双软皮鞋；

（13）镶贴胡桃木的野餐桌可从仪器板下拉出，另外有两个在前座后面旋转出来；

（14）你也能有下列各种额外随意的选择，像是做浓咖啡的机械、电话自动记录器、床、盥洗用冷热水、一支电刮胡刀等；

（15）你只要压一下驾驶者座下的橡板，就能使整个车盘加上润滑油。在仪器板上的计量器，指示出曲轴箱中机油的存量；

（16）汽油消耗量极低，因而不需要买特价汽油，是一种使人喜悦的经济；

（17）具有两种不同于传统的机动刹车：水力制动器与机械制动器。"劳斯莱斯"是非常安全的汽车，也是非常灵活的车子，可在时速85英里时宁静地行驶，最高时速超过100英里；

（18）"劳斯莱斯"的工程师们定期访问以检修车主的汽车，并在服务时提出忠告；

（19）"班特利"是"劳斯莱斯"所制造。除了引擎冷却器之外，两车完全一样，是同一工厂中同一群工程师所制造。"班特利"因其引擎冷却器制造较为简单，所以便宜300美元。对驾驶"劳斯莱斯"感觉没有信心的人士可买一辆"班特利"。

2. 旧元素"绑"在一起组成新组合

简单说来，关联法就是与顾客记忆中已经存在的东西紧密关联起来，也可以理解为"旧元素，新组合"。如牛奶搭档就是把"牛奶"和"搭档"两个早已存在于顾客记忆中的旧元素，重新组合成为"牛奶搭档"。这样就成为一个新组合，很容易让顾客记住。在此，我们仅从方法方面进行探讨。

在您的脑海中，"牛奶"是已经存在的，"饼干"也是存在的。如何把这两者有机地结合起来，成为强有力的记忆点呢？只要"牛奶搭档"四个字，人们就完全能够记住了？我认为不会这么简单，天下哪有这等好事？

好的品名固然重要，但并不是一个品名就能够成就一切。特别是利用关联法制造的品名——作为记忆点，除了在文字上的关联以外，更重要的是在顾客的生活习惯中，真正实现物理与心理上关联。我们必须让饼干处处与人们头脑中的牛奶关联。

有很多方式可以实现牛奶与饼干的结合，强化这个记忆点。当牛奶遇到饼干，两者交织在一起，就形成了一种更好的效果：牛奶营养比较容易被吸收，牛奶搭档的味道也会更加出色，相辅相成，相得益彰。

因此，只要在重点卖场进行"牛奶配搭档"的表演促销就足够了——让顾客现场尝试"牛奶配搭档"的味道，强化

第四章 扩大产品影响，让顾客形成习惯

顾客对"牛奶搭档"的记忆。这比广告的效果不知道要好多少倍！

如果一定要让牛奶和牛奶搭档"绑"在一起销售，也可以。但绝不是简单地把一包牛奶搭档和一瓶牛奶用胶带绑在一起。首先要真正理解"牛奶搭档"——牛奶搭档只是配角。然后，考虑与牛奶厂商进行资源交换：在终端卖场，只要有牛奶堆头的地方，就放上三分之一的牛奶搭档；只要有牛奶搭档堆头的地方，就放上一半的牛奶，甚至更多。以如此条件和牛奶企业进行交换，相信牛奶厂家不会拒绝。

3. 没有争议就没有记忆

没有争议就没有记忆。这句话是正确的，但前提是要把握好塑造记忆点的基本原则。不能为了争议而争议，不能为了争议而忘记一切，连面子、票子都不要了。用引发争议的东西来塑造记忆点，不是一件容易的事情，需要有过人的胆识，需要承担更大的风险，需要把握好"争议度"。话题过度，就会成为问题。

极具个性的周氏唱腔，一开始让人无法接受——他完全颠覆了中国的传统唱法，结合了 R&B、Hip-Hop、轻摇滚、中国风、乡村民谣等各种不同风格，更为重要的是"吐字不清"！当时，人们热议不休：听都听不懂，怎么可能红？估计有很多人都不看好他。但是，也有一大批少男少女被他迷倒。

也有人看到周杰伦的歌名和歌词，表示不明白其中的含义。《印第安老斑鸠》《反方向的钟》《上海一九四三》《爱在西元前》《威廉古堡》《半兽人》《火车叼位去》《爷爷泡的茶》《乱舞春秋》《止战之殇》《本草纲目》等等。题材广泛，打破传统思维，对很多人来说，需要时间才能适应。

4. 把产品记忆点与熟悉的东西进行比较

假如前面几种方法都不合适，您可以考虑"对比法"。把产品记忆点与人们更熟悉的东西进行比较，让顾客更加容易理解，对产品的认识更加深刻，从而接受产品的记忆点。当然，不要贬低别人抬高自己。

"七粒大白兔奶糖等于一杯牛奶！"这是把奶糖与人们熟悉的牛奶进行对比，突出了大白兔奶糖的货真价实。"在时速60英里的时候，劳斯莱斯汽车最大的噪音来自电子钟。"这是拿汽车的噪音与人们熟悉的电子钟声音进行对比，突出了劳斯莱斯的卓越性能。"座位垫面是由八张英国牛皮所制——足够制作 128 双软皮鞋。"把座位垫面所耗费的材料与人们熟悉的"八张英国牛皮""128双软皮鞋"进行比较，突出了劳斯莱斯坐垫的真材实料。

特劳特在《定位》一书中有很多例子也属于"对比"，其中最著名的就是艾维斯租车公司的"我是老二"，与第一的赫茨公司进行对比，最后牢牢占据老二位置；七喜则直接定义为"非可乐"，与可乐们进行对比，力争成为可乐之外的第一品牌。

第三节 延长产品生命线：催化新产品、激活老产品

产品是有生命的，或昙花一现，或屹立百年。不论怎样，产品总有诞生之日、衰老之时，该如何延长产品的生命线呢？

对于新产品，一般企业的做法是，广告加促销，采取强力推广策略。殊不知，新产品的生命力往往比较弱，承受不起，容易过早夭折。对于老产品，一般企业的做法是，把资

源逐步转向新产品，采取收割战略。没错，对于确实已经"老掉牙"的产品，这是上策。可是对于某些"老当益壮"的产品，直接收割就可惜了。因此，要正确评估"老产品"的价值，不能轻言放弃，而应设法延长"老产品"的生命线，让"老产品"重获新生。

那么，该如何催化新产品、激活老产品呢？

有人说，降价嘛，通过降低价格来促进销售、维持与顾客的关系。也有人说，新产品必须注重包装，强化产品形象；老产品改换包装也很有效，因为老面孔没有新鲜感，改头换面，也可以提升形象。还有人说，需要更多吆喝。在广告爆炸的时代，新产品声音不够大就会被淹没；老产品一般情况下知名度都比较高，往往比较沉默寡言，对此可以借用销售的历史加以宣传，达到销售长久之目的。我们说，要让顾客"众里寻他千百度"——习惯于使用产品，重复再重复。

对于新产品，就要注重消费习惯的培养。对于老产品，要么更好地延续旧消费习惯，让顾客更好地使用"老产品"；要么赋予老产品新活力，形成新的消费习惯。

呼啦圈，这个曾经风靡一时的热门健身产品，似乎早已过时。这是否意味着呼啦圈就再也没有机会，应该寿终正寝了呢？韩国一家企业并不这么认为，他们赋予呼啦圈更多新的功能，推出了新型按摩呼啦圈，结果在当地再次引发了销售热潮，原来这种新型呼啦圈的内圈中增加了磁条，具有刺激消化、按摩腹部肌肉、帮助减肥等功效，深受当地女士的喜爱。这是更好地延续旧消费习惯。

有一种叫作"开胃果园"的食品。大多数消费者都认为这是"饭后甜食"——一个老得不能再老的品类，包括了各种酸奶、布丁和干乳酪等食品，十分拥挤，市场压力极大。延续"饭后甜食"这种旧消费习惯，向消费者承诺自己的品牌质量略胜一筹？这显然不是个好办法，因为"有益健康，味道鲜美"等不外乎拾人牙慧，怎么办？只有另辟新径，挑战旧消费习惯，形成新消费习惯。他们把开胃果园从拥挤不堪的"饭后甜食"中取了出来，放到"餐间小吃"这个更宽松的环境中，在那里与炸薯条、汉堡、蛋糕等互为近邻，从而开辟出了一条新的路子。

总结起来，让新产品旗开得胜、老产品重获新生的方法主要有三个：定义新品类，推出新级别，寻找新顾客。

一、开创新品类，抢占市场制高点

"打造新品牌的最佳方法就是开创一个新品类。"里斯在其著作《品牌之源》的中文版序言中如是说。而在这里，我们想强调的是，品牌依托于品类，对于企业来说，开创一个新品类，在新品类之下创造一个新品牌，更容易进入消费者的心中。

> 在相机行业，柯达曾经是一个大品牌，说到柯达几乎没有人不知道，它生产的相机受到众多消费者的喜爱，它的胶卷是世界上最成功的胶卷品牌之一。可是后来，随着数码相机时代的到来，数字相机这一品类的冰山渐渐开始融化，柯达这个品牌价值也是江河日下。

柯达相机的例子说明了一个道理：如果品类消亡了，依附于其上的品牌也不会存在。

不得不提的是，市场中难免有跟风和模仿等现象。前两年直播比较火，各种直播铺天盖地，纷至沓来。2018年春节前后的在线答题和区块链莫不如此，让蓝海瞬间变成红海。

为了防止这种局面的出现，企业必须未雨绸缪，抢占市场制高点。

企业可以通过以下几种方式开创新品类：

1. 技术创新开创新品类

技术创新会诞生一种新品类。从大哥大到 2G 手机再到现在的智能手机，是技术创新的结果。也正是因为技术的不断创新，这才出现了现代功能强大的智能手机。再比如柯达相机，它最终的消失，也是因为没有跟上时代的技术创新步伐，没有及时将相机的新品类容纳其中。

2. 迎合新趋势开创新品类

对于企业来说，能够适应新趋势，不断改变发展，才能赢得市场。企业应该积极地迎合新趋势，创造新品类。比如，无氟冰箱、节能冰箱、抗菌冰箱都是迎合环保、节能、健康这样的新趋势而产生的冰箱新品类。再比如，现代化妆品的草本、汉方产品，也是依据我国消费者对化妆品要求的新趋势而产生的新品类。

3. 开创消费者心智中的新品类

其实，我们生活中出现的产品几乎占据了所有品类。但是，有不少品牌虽然代表了一种品类，但是并没有占据消费者的心智。对于企业来说，要开创市场中有，但是消费者心智中没有的品类。

我国的果冻行业始于 20 世纪 80 年代，如晨光、东鹏等果冻品牌层出不穷。"喜之郎"一出现，很快就垄断了果冻市场，成为我国果冻行业的第一名。其实，在喜之郎出现之前，果冻这种品类已经出现，并有了一定的市场。但是，多个果冻品牌并没有成功走入人们的心智，"喜之郎"提倡的"美味、健康、营养"满足了广大消费者的需求，很快便进入消费者的心中。

4. 聚焦开创新品类

聚焦也是企业开创新品类的方法，通过聚焦的方式，更容易使产品集中力量进入消费者的心智。

多米诺是美国知名比萨品牌。在发展中，多米诺采取聚焦策略，聚焦于宅送市场，开创了宅送比萨品类。

5. 对立品牌开创新品类

企业也可以在同自己对立的品牌中开创新品类。这样，可以吸引一些不喜欢原有品牌的消费者，形成自己的消费者群。很多企业都会利用这种方式开创新品类，比如，百事可乐针对可口可乐开创了属于年轻人的可乐新品类，联合利华针对宝洁的海飞丝推出了清扬男士去屑洗发水，等等。

开创一个新品类，更容易赢得客户心智。只要企业对市场足够敏感，有敏锐的观察力，就可以利用上面几种方法开创新品类。

二、挑战旧习惯，推出新级别

开创新品类是困难的，甚至是可遇而不可求的。对于一个"老产品"，如果不能进入新品类，那就通过更新、改良，推出新级别吧，这也许是一个不错的选择。因为喜新厌旧是人们与生俱来的一个消费习惯。

推出新级别，您也许需要挑战旧习惯。在人们去屑习惯于使用海飞丝时，新一代清扬如何挑战"去屑用海飞丝"？人们习惯于使用洗衣粉，新一代洗衣液如何挑战洗衣粉？当然，您也可以更好地延续旧习惯。

事实上，推出新级别，就意味着进入了一个全新的竞争环境。相同的产品有着全然不同的表现，人们的认识也完全不同，甚至相反。

推出新级别需要注意如下几个问题：第一，"新级别"具有说服力吗？有根据吗？人们会相信吗？第二，"新级别"将面临更高的要求与挑战，产品具有足够的实力吗？第三，

"新级别"往往面对更上层的顾客，满足得了他们的需求吗？第四，"新级别"的市场空间足够大吗？值得去做吗？

洗衣粉，一个几乎老掉牙的品类。您觉得这个品类还有发展空间吗？1994年，德国一家公司曾经推出了一个产品：大颗粒洗衣粉。

毫无疑问，用颗粒状洗衣粉代替粉末状洗衣粉，改变的仅仅是外观，对洗涤效果没有什么明显的改变，因为产品的化学配方没有改变——甚至消费者还可能认为其效果更差，因为颗粒状洗衣粉可能不容易溶化。如何把它推销出去，挑战人们使用粉末状洗衣粉的习惯呢？强调功效？颗粒状洗衣粉比粉状洗衣粉洗得更干净？没有任何根据，还可能落得自吹自擂的下场，该怎么办？推出新级别！

公司宣称颗粒状洗衣粉是新一代洗衣粉，无形中把其他产品降格为过时的旧一代产品——把颗粒状当作"新一代"的标志！消费者选择颗粒洗衣粉就是选择新一代，否则就是使用老一代的土老冒。经此升级，大颗粒洗衣粉一下子打开了一片广阔的市场空间。

可能有人要问了，这样的"新一代"有可信度吗？问得好！仅仅是改变了外观，凭什么就敢称为"新一代"？我们知道，衣服是否干净，人们只能是从表面上去观察判断，没有污渍就表明衣服洗干净了。因此，只要这种大颗粒洗衣粉能够去掉污渍，让人觉得衣服干净就没有问题——而这只是衣服干净的基本标准而已。显然，大颗粒洗衣粉一样能够达到这个"基本干净"的标准，因此人们会相信它。当然这也冒了一定的风险：一旦消费者发现真相，后果很严重。无论如何，这种洗衣粉的销量，证明了它是成功的"伪新一代"。

后来，又出来了一种"新一代"产品——洗衣液。多年来，洗衣粉让许多消费者又爱又恨。一方面，它的清洁能力确实很强大；另一方面，它却刺激皮肤、影响衣物质地，更可怕的是含磷洗衣粉所带来的水质富营养引发严重的环境问题。无磷洗衣粉、肥皂……人们不断寻找既环保功能又强的洗涤剂。洗衣液随之进入人们的视野，并日益受到重视。

无疑，洗衣液也面临着如何挑战"人们使用

洗衣粉习惯"的问题。它将洗涤剂的要求从"物"转向"人"，要求"清洁+呵护"的双重功能。清洁是针对衣服而言，呵护则是提高穿着舒适度，让人的肌肤感觉舒适。洗衣液具备独特的优势，如PH值中性温和不伤手，具有去污、除菌、柔顺、护色、留香等多重高效洗护功能，使衣服质地保持良好，而且利于避免环境污染。显然，洗衣液是真正的"新一代"，与大颗粒洗衣粉完全不同。

三、为你的产品寻找新顾客

开创新品类，没有方向？推出新级别，没有突破？可是产品的确廉颇老矣，已显颓势，在"战火纷飞"的市场中，难以与众多新产品匹敌，怎么办？有没有解救的办法？

一般情况下，有两种办法：一是采取收割战略，榨干老产品的最后一滴血；二是寻找新顾客，也许另一片天地正等待着您。寻找新顾客，也往往意味着挑战人们的旧习惯。本来是儿童使用的产品，让成人使用，如何挑战"儿童使用"旧习惯？本来是女人使用的产品，让男人使用，如何从"女人使用"变成"男人也使用"？

这里可能出现两种情况：一是改变习惯后，老顾客却不再使用；二是改变习惯后，老顾客继续使用，目标顾客倍增。一般人都愿意选择第二种情况，一举两得。请注意，新老顾客的消费习惯是完全不同的。不要简单地把新老顾客"合二为一"，强扭的瓜不甜。例如为了不让液体食物流出来，婴儿习惯于使用奶嘴，无论躺着坐着都很方便。如果强行让成人也使用奶嘴喝饮料，挑战"使用吸管"的旧习惯，情况会怎样？那是要闹笑话的。

假如让新顾客"不经意"地发现产品利益，而且的确不错，也许能通吃新老顾客。德国的"儿童巧克力"，成人理应没有食用的习惯，但营销人员在一项测试中发现，成人跟孩子们一样喜欢吃，只是碍于"儿童"二字而羞于消费。显然，应该打破"儿童食用"旧习惯，通吃儿童与成人市场。

"奶嘴"与"儿童巧克力"，为什么一个失败，一个成功？第一，成人能很好地控制自己的动作，"奶嘴"显得多余；第二，"奶嘴"直接对抗成人的"吸管"消费习惯，强加于成人。"儿童巧克力"的成功是因为：第一，儿童巧克力确实好吃，能给成人带来足够的好处，并吸引成人；第二，市场测试已经证明成人也喜欢吃，并非强加于成人。

可见，在寻找新顾客时要注意如下问题：第一，对于新顾客，是否能够带来足够利益，让他们觉得不可或缺，并吸引他们？第二，与"新顾客市场"中的竞争对手比较，具有足够的优势吗？第三，新顾客与老顾客能够兼顾吗？

不少朋友都使用过强生婴儿沐浴露，也包括笔者。这可是"婴儿"产品哦，为何我等"奔三奔四"的人也会用得不亦乐乎？有人说是强生婴儿沐浴露的定位出了问题，应该推出"强生成人沐浴露"；也有人说是强生婴儿沐浴露的"越位"策略，超越了定位的力量；还有人说是强生婴儿沐浴露故意用"婴儿"虚晃一枪，真正目的就是成人。到底哪一种说法可信呢？您已经想到答案了，强生是在寻找新顾客，扩大市场！

强生婴儿沐浴露，明确告诉我们两个信息：一是强生更适合婴儿使用，二是成人并非目标顾客。从而，人们就形成了一种固定认知，强生婴儿沐浴露是"婴儿专用"。相信这也是强生公司的初衷——当强生公司把"婴儿"两个字印在包装上时，他们能够预料到今天成人也乐意使用的局面吗？

因此，前面的说法都是臆测。是什么原因导致

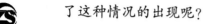
了这种情况的出现呢？

　　强生婴儿沐浴露专门为婴儿娇嫩的皮肤设计，因而它更温和，刺激性更小，给成人带来的产品利益是安全、无副作用，而这是很多成年人最为关注的因素，尤其是成年女性。婴儿的皮肤细嫩，人们梦寐以求。而强生婴儿沐浴露专供婴儿使用，似乎婴儿皮肤娇嫩就是使用强生沐浴露的结果，谁不想让自己的皮肤如婴儿般柔滑？另外，沐浴露市场上并没有特点十分鲜明的产品，强生婴儿沐浴露反而以"婴儿"二字显得格外突出，成为宝洁、力士等"成人产品"无法模仿的优势。

　　因此，强生婴儿沐浴露并不是简单地挑战"成人习惯"，而是巧妙利用"婴儿"特点，结合成人的消费习惯关注安全，自然引导成人使用强生婴儿沐浴露。

是不是所有强生婴儿产品都像沐浴露一样，能够广受成人青睐？沐浴产品、润肤产品、部分护肤产品是没有问题的，但强生婴儿洗发产品行吗？答案是否定的，主要原因如下：第一，洗发类产品的功能性很强，人们也希望"安全、无副作用",但人们更关注的是效果:能不能去屑?能不能使头发更柔顺?能不能更营养?能不能使头发更乌黑亮丽?第二,洗发水市场竞争非常激烈,宝洁、力士等产品已经根深蒂固,"婴儿"没有任何优势可言。恰恰相反,"婴儿"成了无法改变的劣势——婴儿能有多少头发问题?

第四节 让产品与顾客有效接触,习惯才能成自然

每一种消费习惯的形成,都需要让产品与顾客之间发生"接触"。当然,这种"接触"必须是有效的,遵守一定的规律。

请想想,您是如何形成"怕上火喝王老吉"的习惯的?您第一次亲密接触王老吉,是在超市里。您老远就被它那火红的堆头所吸引,走过去拿起一罐来,"怕上火喝王老吉"几个字映入眼帘。碰巧,您感觉自己有些上火,或许是因为天气燥热,或许是因为逛的时间太久有些发热,或许……

赶快买一罐来试试——哇,真爽,好像自己的"火气"真的小了一些!第二次,您感觉有些上火

的时候，就可能会想到王老吉……第三次，第四次，第五次……再加上朋友的影响，他们也向您推荐王老吉……久而久之，只要感觉上火，您就会自然而然地喝王老吉。就是这样重复地接触，您形成了习惯。

说起来，消费习惯的形成好像具有一定的难度。这需要消费者一而再，再而三地"接触"到产品，形成有效的"接触面"。

怎样的行为才能叫作"接触"呢？唐·舒尔兹这样描述"接触"的定义：将品牌、产品类别和任何与市场相关的信息等，传输给消费者或潜在消费者的"过程与经验"。他强调"接触"是一种"过程与经验"，实际上就包含了"互动"。《顾客体验管理》的作者贝恩特·施密特认为，体验角度的接触面指"发生在公司和顾客之间动态的信息和服务的交换……这些都产生了互动，即相互接触"。他也强调接触是"互动"。他还把"顾客接触面"与"设计品牌体验"以及"致力于不断创新"并列，这几个因素共同构成重要的实施领域。他认为顾客接触面可以提高或降低通过品牌体验建立起来的顾客体验，消费者因为接触而获得体验。

人们每天都接触到很多信息，应该说这些信息已经传达到位，但是人们却对绝大多数的信息无动于衷，没有任何反应，为什么？可见，"有效接触"的关键在于"是否产生了互动"，"互动的强度有多大"。这主要取决于三个方面的因素：接触类型，产品与顾客进行接触的类型有哪些？接触方式，产品是通过什么方式接触到顾客的？接触频率，产品与顾客接触的频率有多高？

一、产品与顾客之间的"接触类型"

不同的产品，与相同的人接触，其接触效果可能是完全不同的。薇姿，您只能在药店里接触到它，您是把它当作"药"来接触；玉兰油，您一般是在商场里接触到它，您是把它当作"护肤品"来接触。牛奶搭档，您是把它当作"搭配牛奶的食品"来接触；纤麸，您是把它当作一般的"饼干"来接触。

同一种产品，与不同的顾客接触，其接触效果也可能是不尽相同的。第一次亲密接触王老吉，您是在超市的货架、堆头上，他是在火锅店里。第二次接触王老吉，您只是拿在手上看了看，他则买来一罐痛饮。第三次，您听到朋友谈论王老吉如何如何不错，他则推荐给了朋友。第四次……第五次……可见，每个人、同一个人每一次与产品的接触效果都可能不同。

但是，每一种产品都想取得良好的接触效果。厂家极尽各种手段，让顾客不断地"接触"产品，以为只要接触就有效，结果却往往不尽如人意，为什么？主要原因是没有充分考虑产品与顾客之间的"接触类型"。根据顾客的消费行为等，可把接触类型分为两方面：纵向接触面和横向接触面。

1. 纵向接触面，即产品从第一次到第二次、第三次……与某个顾客接触，包括：一、使用前接触，主要是通过陈列面、包装面（尺寸大小、材质、手感、文字信息、画面等）与顾客的接触；二、使用中接触，主要是顾客对产品使用体验；三、使用后接触，主要是顾客对产品的处置——继续购买，置之不理，完全废弃。

纵向接触面是横向接触面的基础。任何产品上市之初，只有与典型顾客进行有效接触（纵向接触）之后，才可能让他去影响其他顾客（横向接触），从而在整个目标群体中营造出一定的影响力。

使用前接触指的是顾客第一次真正接触到产品，一般是在终端，如商场。此时，顾客首先接触到的是产品陈列面，当然是"目光接触"。若想让顾客从"目光接触"变成"肌肤之亲"——拿起来，需要做到两点：一是让产品陈列面的面积足够大，大到所有竞争对手都无法相提并论，抢占顾客的"视线"。要知道，在步履匆忙的今天，顾客绝不会到货架最底层去寻找产品。二是让产品陈列面的位置足够好，最好是在终端最显目的位置做堆头，例如入口处、端架处、收银台处等，让顾客一眼就能看到。"思朗纤麸饼"就是靠堆头霸占了顾客的视线。

接下来，也是最重要的，就是让顾客拿起产品来就不再放下。您可能有过这样的经历：在商场看到一大堆饼干，这引起了您的注意。于是，您走过去拿起一袋，接触到了单个产品的包装面，首先映入眼帘的是陌生的品牌名，然后是"低糖蔬菜消化饼""黑麻消化饼"等字样（消化饼？我又没有消化不良!），再看看几块很难看的饼干……算了，这饼干没什么值得买的，您顺手又把它放下了!

还有很多产品也是只注重陈列面，但产品包装却弄得让人没兴趣：有的产品为了追求所谓的"美感"，喜欢在包装上把并不好看的产品图片弄得大大的，把品名弄得小小的，结果让人根本没有想拿起来的欲望；有的产品为了"省钱"，把包装弄得极为简陋，采用比较差的材质，让人倒胃口；有

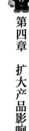

的产品堆头看起来很大，可是单个包装却小气得可怜，让人难以忍受……所以顾客对产品包装接触的有效与否，将决定其是否买单，您必须同时做好陈列面与包装面。

使用中接触就是顾客对产品的体验。这是关键接触，只有让顾客体验和购买时的接触感觉高度一致，才可能使这关键接触产生良好的效果，让顾客满意。假如在购买一款减肥药时，通过对其产品包装的接触，您感觉其减肥效果应该不错，可是，您按照产品说明书服用了一段时间后，发现胖的地方还是那么胖，您将作何感想？毫无疑问，产品必须"表里如一"，让顾客对产品体验满意。否则，所有的接触就到此为止。

使用后接触主要是指顾客对使用过的产品采取的处置方式，这主要取决于顾客对产品体验的满意程度。一般有如下几种情况：继续购买——顾客对产品的体验非常满意，迫切希望下次接触；置之不理——顾客对产品的体验没有特别感觉，有无下次接触无所谓；完全废弃——顾客对产品的体验非常失望，永远没有下次接触。绝大多数厂家都希望顾客持续购买自己的产品，那就别只做"表面文章"！

2. 横向接触面，即顾客通过一定的方式（如口碑传播、体验分享等）影响他人，从而使产品在整个目标群体中形成一定的影响力，包括：（1）主动影响，指的是顾客主动通过推荐、体验分享等方式，让产品接触到别人；（2）被动影响，指的是当别人对产品有一定的需求时，顾客才推荐产品；（3）不声不响，指的是无论如何，顾客都不会把产品推荐给别人。

实际上，纵向接触面的效果好坏，基本决定了横向接触面的效果。顾客对于某个产品的每次接触都非常满意，他就可能会通过口碑、体验分享等方式，推荐给身边的亲朋好友，并把这当作是帮助了别人，为此而感到高兴。否则，顾客将极力劝阻他人接触此产品。

由于顾客的个性不同，横向接触的效果也会有所不同。产生主动影响的主要是领导型顾客。他们往往性格开朗，敢于尝试新事物，有很强的主见，喜欢主动推荐产品。

产生被动影响的主要是跟随型顾客。他们性格往往没什么特别的，不拒绝新事物，喜欢随大流，只有别人有要求时，他才推荐产品，大多数人都属于这个类型。在现实生活中，您可能经常遇到如下情况："嗨，现在买什么手机比较好？"朋友问您。"就我现在使用这款呗，质量好，又不贵，性价比高。"您推荐自己用的手机。"你怎么不早说啊？"朋友有些责怪您。

对于做某件事情，大多数人都会先考虑有没有负面影响，而不是带来什么好处。因此，一般情况下，人们不会主动向别人推荐某个产品——万一推荐别人买了这个产品，没有达到人家的要求，或者出点什么乱子，谁来承担责任？

不声不响的主要是沉默型顾客。他们往往性格内向，对新事物不感兴趣，沉默寡言，一般不向别人推荐产品。也许您身边就有这种类型的人。假如您问他，"嗨，我最近老头痛，有没有什么药可以推荐？"他会很小声地回答，"我也不太清楚哦。"其实，他的头痛刚刚好。

二、与接触效果紧密相关的接触方式

接触方式与接触效果也有着密切的关系。饼干之类的产品，如果仅仅通过大规模的空中广告来接触顾客，从来不做堆头，一直深藏于货架底层，那么其前景堪忧，因为顾客不会因看到广告而到货架底层去找产品；巧克力之类的产品，如果一直放在简单的堆头上，保证卖不出价格……这就是为什么思朗纤麸饼一直钟情于做堆头，而德芙巧克力喜欢在商场里营造一种气氛来衬托出其高贵的缘由。

不同的产品，接触方式是截然不同的，并不是所有产品都需要漫天广告来轰炸。反过来，相同的产品采用不同的接触方式，接触效果也截然不同的。一瓶普通的青岛啤酒，您能接受的价格在大排档是 3 元，在一般餐厅是 6 元，在高档餐厅则高达 10 元，在酒吧的价格则可以高达 20 元以上；有一种牛奶叫"卡士"，在超市的价格只能卖到 4~6 元，在高尔夫球场的价格则高达 60 元！可见，接触方式的选择是非常有讲究的。

根据产品接触的特征，我们将接触方式归为四类：情境接触、暴力接触、朴素接触、复合接触。

情境接触指的是模拟目标顾客的典型消费情境（包括购买情境、使用情境等），引导目标顾客在这种情境中与产品自发完成接触的过程。情境接触是一种比较通用的接触方式，几乎适用于任何产品。

> 佳得乐功能饮料，习惯于通过某种运动情境来完成与目标顾客的接触，包括赞助各种体育运动，让姚明代言，在运动场、赛场摆摊设点；星巴克，您只有走到它的咖啡厅里，才能真正享受到那咖啡一般的轻松时光；哈根达斯，您只有牵着爱人的

手，走到店里，在双方含情脉脉的眼神中品味冰激凌，才能体会到"爱她，就请她吃哈根达斯"的甜蜜滋味……

一般情况下，情境接触适用于如下产品：新产品，往往需要快速将陌生的产品概念传达给目标顾客，并让他们易于接受，而情境接触目的就是引导目标顾客了解并接受产品；个性产品，其概念往往比较特别，需要情境的配合才容易让目标顾客接受；情绪化产品，营造相关情境，才能更容易调动目标顾客的情绪。

暴力接触就是将顾客的感受置之不理，采取粗暴的方式，强迫顾客与产品进行接触的过程。通常这种方式的接触都会引起目标顾客的反感。

打开电视机，您就能看到这类广告宣传，治疗不孕不育的、招生的……语言直白，没有任何技巧可言；打开报纸，也是一些自吹自擂的医院广告，让您不堪忍受……

一般情况下，不提倡使用这种所谓的"暴力美学"。使用暴力接触方式的往往是一些极其自以为是的家伙，他们自恃产品供不应求，认为目标顾客没有选择余地。使用暴力接触的产品往往是：垄断性产品，供不应求产品，过度营销产品。

朴素接触指的是通过某种极其简约的方式，让产品与目标顾客进行接触的过程。徐福记，永远霸占商场最好的位置，集中陈列各种产品，没有任何花哨的装饰，没有一丝多余的细节，极其简单朴素，只向目标顾客传递一个信息——实力与品质。在终端为王的年代，没有实力、品质不高的产品如何能占据这么好的位置？思朗纤麸饼也基本如此，它永远都是以朴素的、有点凌乱的堆头出现于众人面前，强而有力地向顾客展示自己的"畅销"程度。

现在不少商场开始做自有产品。他们永远不做虚无缥缈的空中广告，只是把产品陈列于商场中最好的货架上，强行使之进入目标顾客的视线，效果显著。可见，"朴素"二字意味着：持之以恒、简单有效。一般情况下，朴素接触适用于已经被目标顾客认可与接受的产品，概念极其简单、便于理解的产品，没有什么特色的产品。

复合接触指的是采用多种接触方式，多方位、多角度与顾客接触的过程。为了保险起见，很多企业都采用复合接触的方式——即使其中某种接触方式无效，另外的接触方式也可以弥补，这就有可能使"广告费的一半被浪费了"。

月饼，只卖一个月的饼，平时与目标顾客几乎没有任何接触。快到中秋节时，所有月饼厂家都手忙脚乱，通过各种方式与目标顾客扎堆接触，如制作电视广告、公交车体广告、站台广告、户外广告、电梯广告，在商场里抢占堆头，派出大量推销员……他们自己都不知道哪种广告有效！

实际上，每年一次的大规模月饼广告，持续时间过短，中秋一过广告就失效。为了解决这个问题，不妨平时在终端通过堆头等方式与目标顾客保持接触，中秋时则适当通过电视、户外等广告与目标顾客强力接触。如此一来，就可把各种接触方式的效果发挥到最大——无论平时还是中秋，都能让自己的月饼品牌与目标顾客保持有效接触，达到累积性产出的目的。

因此，采用复合接触不该是"为了保险起见"，浪费了广告费的一半，而是让各种接触方式实现"1+1+1>3"的效果。复合接触适合于大多数产品。

三、保持科学的接触频率很重要

德国心理学家艾宾浩斯研究发现，遗忘在学习之后立即开始，而且遗忘的进程并不是均匀的，最初遗忘速度很快，以后逐渐缓慢。他认为"保持和遗忘是时间的函数"，并根据他的实验结果绘成描述遗忘进程的曲线，即著名的艾宾浩斯记忆遗忘曲线。

下图中竖轴表示记住的知识数量，横轴表示时间（天数），曲线表示记忆量变化的规律。

表 4-1　遗忘实验结果列表

时间间隔	记忆量
刚记完	100%
20 分钟后	58.2%
1 小时后	44.2%
8~9 小时后	35.8%
1 天后	33.7%
2 天后	27.8%
6 天后	25.4%
一个月后	21.1%

由此可见，最佳接触效果是顾客需要时立刻能接触到产品，这样在购买该产品时目标顾客就能保持 100% 的记忆。当然，这是一般情况下无法达到的理想状态。

此外，还要引入一个概念——遗忘临界点。研究表明，对于初次记忆的知识，其自然遗忘的过程会形成一条遗忘曲

第四章　扩大产品影响，让顾客形成习惯

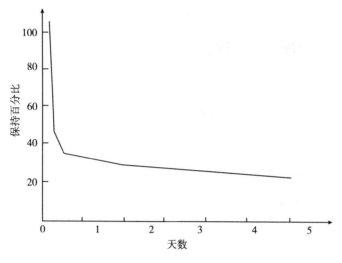

图 4-2　艾宾浩斯遗忘曲线

线，在该遗忘曲线上有一些转折点称为"遗忘临界点"。在遗忘临界点，对知识的记忆程度会出现突降，即经过遗忘临界点后，遗忘速度陡然加快，过后再复习，为时已晚，效果就不明显了。而如果在遗忘临界点进行及时复习，则记忆的程度会得到最有效的保持。

随着时间的推移，遗忘临界点间隔的时间会越来越长，直到形成永久性记忆。最合适的接触频率是在每个遗忘临界点之前，让目标顾客再次与产品进行有效接触，直到最后对该产品形成永久性记忆。

接触频率与购买频率有着密切的关系。一般说来，人们的购买频率是有一定规律的。蔬菜，人们每天都要购买一次。

牙膏，一个月才能用完一管的人，可能一个月购买一次。服装，男人可能三个月才购买一次，女人可能每个月甚至每周都购买一次。月饼，人们只是在中秋前的一个月购买。房子，大多数人可能一辈子才购买一次。

根据购买频率，我们把产品分为三类：经常购买型，例如每天购买一次的蔬菜；偶尔购买型，例如每年才购买三次的衣服；集中购买型，例如只到中秋节才购买的月饼。

对于经常购买型产品必须保持经常性接触。最理想的方式是持续高频率接触，让消费者感觉产品无处不在。也可以在前期采取高频率接触，以确保产品在前几个月内让消费者完全记住。随着遗忘临界点时间间隔的加长，逐步减小接触频率，直到与购买频率相同，以确保消费者始终保持一定的记忆，不会超过遗忘临界点。

偶尔购买型产品不适合持续高频率接触，也不适合先高后低的接触频率。一年才购买一次的产品，没有必要让消费者每天接触到产品。例如1月份让消费者每天接触1次，而6~12月份则每3个月接触1次，到12月消费者早已把产品忘记了。比较经济理想的接触频率是按波动较小的接触频率，让消费者持续接触到产品，确保消费者在任何时候对产品总有一定的记忆。

　　集中购买型产品也称为季节性产品，前面所提到的几种接触频率都不适合。对于这类产品可以在销售旺季到来之前采用低频率的接触，在产品投放初期对消费者进行提示，起到预热作用。随着销售旺季的渐渐临近，逐步加大接触频率，使产品在特定时段，与顾客的接触频率达到一个高峰值，整个投放呈抛物线式。

　　当然，这种时段性的接触如果没有累积性，也达不到最佳效果。因此，我们提倡常规产品与季节性产品共享资源，如前文说"复合接触"时提到的月饼，就可以一直保持与消费者的高频率接触。